Charles Szekely

Commentaires sur les Proverbes de Salomon

Charles Szekely

Commentaires sur les Proverbes de Salomon

Introduction dans la sagesse divine

Éditions Croix du Salut

Impressum / Mentions légales
Bibliografische Information der Deutschen Nationalbibliothek: Die Deutsche Nationalbibliothek verzeichnet diese Publikation in der Deutschen Nationalbibliografie; detaillierte bibliografische Daten sind im Internet über http://dnb.d-nb.de abrufbar.
Alle in diesem Buch genannten Marken und Produktnamen unterliegen warenzeichen-, marken- oder patentrechtlichem Schutz bzw. sind Warenzeichen oder eingetragene Warenzeichen der jeweiligen Inhaber. Die Wiedergabe von Marken, Produktnamen, Gebrauchsnamen, Handelsnamen, Warenbezeichnungen u.s.w. in diesem Werk berechtigt auch ohne besondere Kennzeichnung nicht zu der Annahme, dass solche Namen im Sinne der Warenzeichen- und Markenschutzgesetzgebung als frei zu betrachten wären und daher von jedermann benutzt werden dürften.

Information bibliographique publiée par la Deutsche Nationalbibliothek: La Deutsche Nationalbibliothek inscrit cette publication à la Deutsche Nationalbibliografie; des données bibliographiques détaillées sont disponibles sur internet à l'adresse http://dnb.d-nb.de.
Toutes marques et noms de produits mentionnés dans ce livre demeurent sous la protection des marques, des marques déposées et des brevets, et sont des marques ou des marques déposées de leurs détenteurs respectifs. L'utilisation des marques, noms de produits, noms communs, noms commerciaux, descriptions de produits, etc, même sans qu'ils soient mentionnés de façon particulière dans ce livre ne signifie en aucune façon que ces noms peuvent être utilisés sans restriction à l'égard de la législation pour la protection des marques et des marques déposées et pourraient donc être utilisés par quiconque.

Coverbild / Photo de couverture: www.ingimage.com

Verlag / Editeur:
Éditions Croix du Salut
ist ein Imprint der / est une marque déposée de
OmniScriptum GmbH & Co. KG
Heinrich-Böcking-Str. 6-8, 66121 Saarbrücken, Deutschland / Allemagne
Email: info@editions-croix.com

Herstellung: siehe letzte Seite /
Impression: voir la dernière page
ISBN: 978-3-8416-9917-6

Copyright / Droit d'auteur © 2015 OmniScriptum GmbH & Co. KG
Alle Rechte vorbehalten. / Tous droits réservés. Saarbrücken 2015

COMMENTAIRES SUR LES PROVERBES DE SALOMON

CHARLES SZÉKELY

Table des matières

PREMIÈRE PARTIE _____ 5

A propos des proverbes bibliques _____ 5

I. Obtention de la sagesse et rejet de la sagesse _____ 7

II. La voie de la piété et celle de l'impiété _____ 11

III. La voie de la tempérance et celle de l'intempérance _____ 15

IV. La voie de la prudence et celle de l'imprudence _____ 20

V. La voie de l'homme intelligent et celle de l'insensé _____ 23

VI. La voie de la droiture et celle de la perversité _____ 27

VII. La voie de la bonté et celle de la méchanceté _____ 31

VIII. La voie de la paix et celle de la querelle _____ 36

IX. La voie de la diligence et celle de la paresse _____ 40

X. La voie de la richesse et celle de la pauvreté _____ 42

XI. La voie de la vie conjugale: femme vertueuse, femme adultère _____ 46

XII. La voie de l'éducation _____ 51

XIII. La voie de la communication: témoignage véridique, témoignage trompeur _____ 56

XIV. La voie de la providence et de la justice divine _____ 60

Conclusions sur les voies comprises dans le corpus biblique de proverbes _____ 65

SECONDE PARTIE _____ 72
La puissance persuasive et la structure formelle des Proverbes _____ 72
Conclusions sur la puissance persuasive et le structure formelle des Proverbes _____ 96

Bibliographie _____ 100

PREMIÈRE PARTIE : Voies retracées dans le recueil inspiré

À propos des proverbes bibliques

Les proverbes bibliques font partie de la littérature gnomique du peuple d'Israël, mis à part pour servir Dieu. Outre les proverbes, cette littérature comprend encore les énigmes et les contes symboliques. Dans le cadre de la sagesse israélite, un lieu à part revient à la prophétie, don langagier d'inspiration divine.

Il s'impose de remarquer la différence qu'il y a entre la sagesse des proverbes et celle des prophéties. Tandis que la prophétie est un message céleste transmis par un vase humain, le proverbe exprime, toujours sous l'inspiration divine, des connaissances acquises à travers une vie pratique. Le « *hokmah* », terme qui désigne la sagesse en langue hébraïque, a la vocation d'assurer la réussite en toutes choses, sans broncher. Comme tel, le *hokmah* est nécessaire aux spécialistes, aux conseillers, aux chefs d'État, à tous ceux qui aspirent à la perfection. Ayant comme traits distinctifs la prudence, la patience, la réflexion, la tempérance et l'humilité, le sage mène sans cesse une vie juste.

Mener une vie juste, c'est inclure dans nos comptes l'existence du Dieu justicier. *Le commencement de la sagesse, c'est la crainte de l'Éternel* (Pr. 9:10), s'éloigner du mal, c'est l'intelligence (Job 28:28). De là, la conception que la sagesse d'en haut et la piété vont de pair. Conformément à cette conception, les

Hébreux ont emprunté aux peuples voisins bon nombre de proverbes témoignant de leur crainte de Dieu.

En outre, la sagesse a comme source la Divinité. Tout ce que Dieu entreprend est juste et sans reproche. Sa sagesse surpasse celle des humains, de sorte qu'on peut dire que Lui seul est sage. Dans sa miséricorde, il répartit aux hommes de sa sagesse. Mais la sagesse qui se détourne de sa source se pervertit et dépérit. Quelque sage que fût le roi Salomon, il devint fou à sa vieillesse (I. Rois 11:3-7).

Le proverbe a comme équivalent en hébreux le terme de « *massal* ». Ce radical signifie tantôt *régner,* tantôt *ressembler.* Ceux qui se déclarent pour la première signification prouvent que le texte original regorge de jeux de mots. Les adeptes de la seconde signification soulignent que les proverbes éveillent l'esprit grâce à leur vertu persuasive. Ils prétendent que le *massal* soit plein d'une puissance à part, surpassant la force habituelle des mots.

Les proverbes recueillis dans la Bible portent le nom de Salomon, fils de David, auquel le premier livre des Rois attribue trois mille sentences. Néanmoins, la Sainte Écriture n'en comprend qu'environ mille. Cela s'explique par le fait que les Proverbes ne furent couchées par écrit qu'au temps d'Ezéchias, à la fin du huitième siècle av. Jésus- Christ. Or, entre le règne de Salomon et celui d'Ezéchias s'écoulèrent au moins deux siècles.

À notre grande surprise, l'exégèse biblique démontre qu'une bonne partie des Proverbes n'appartiennent pas à Salomon. Parmi les trente et un chapitres, dont ce corpus se compose, seulement dix-huit ont la paternité indubitable. Ces dix-huit chapitres constituent deux petits recueils distincts, assimilés aux grands recueils bibliques. Le premier renferme les chapitres 10–22 et le second les chapitre 25–29. C'est le fondement du grand corpus, soit 503 proverbes qui représentent le *massal* dans sa forme ancienne.

Au cours des années, on y annexa des appendices sous divers

titres: *Les paroles des sages* (ch. 22:17–24:22), *Voici encore ce qui vient des sages* (ch. 24:23–34), *Paroles d'Agure, fils de Jaké* (ch. 30:1–14), *Paroles du roi Lémuel* (ch. 31:1–9).

La préface du corpus (ch. 1– 9) poursuit un fil logique ayant le rôle d'introduire le lecteur dans le domaine de la sagesse biblique. Quoiqu'elle porte le titre de *Proverbes de Salomon, fils de David* plusieurs exégètes sont d'avis que la préface est postérieure aux autres chapitres, datant du V-e siècle av. Jésus Christ. Cette partie plus récente est la louange de la femme vertueuse, qui est un poème alphabétique (ch. 31:10–31), encadrent le corpus biblique, l'entourant comme d'une auréole.

Décidément on a affaire à des recueils dans le recueil où les unités parémiologiques semblent se suivre sans aucun ordre. Mais ce manque d'arrangement nous réserve le plaisir de rechercher des corrélations entre les différents proverbes plus ou moins éloignés l'un de l'autre. C'est ce que nous allons entreprendre, en nous attendant constamment à l'aide du Saint-Esprit.

Contrairement à d'autres auteurs, qui ont choisi de commenter les Proverbes chapitre par chapitre, nous avons préféré de grouper les 402 versets de notre choix par les voies qu'ils retracent, soit quatorze voies suivies d'une manière scrupuleuse.

Quant aux réflexions et intentions que ces Proverbes contiennent, nous avons établi neuf classes de versets pris dans tous les chapitres. En fin de compte, nous nous sommes penché sur le style et le lexique de ce recueil, envisagé non seulement comme un joyau de la littérature universelle, mais aussi comme un monument de la sagesse divine.

I. Obtention de la sagesse et rejet de la sagesse

Toutes les voies que nous allons traiter, Dieu aidant, portent l'empreinte de l'opposition. Il est impossible, par exemple, de décrire réellement la manière dont on entre dans la possession de la sagesse sans faire mention des aspects sous lesquels se manifeste le rejet de cette même sagesse. Nous vivons dans un monde où le bien et le mal coexistent. Lorsque l'esprit de sagesse déploie ses forces pour faire accroître son royaume, l'esprit de folie agit fortement pour l'en empêcher. Voilà pourquoi les hommes s'engagent difficilement dans la voie de la sagesse ou bien rejettent la sagesse comme une chose sans valeur, voire pernicieuse.

Le manichéisme fondamental des proverbes est le mieux illustré dans le chapitre neuf où l'esprit de sagesse personnifié offre un festin à ceux qui sont dépourvus de sens. Sur ce, la folie, femme bruyante et stupide, assise à l'entrée de sa maison, invite les passants à goûter aux eaux dérobées et au pain de mystère. Du moment que l'homme est appelé des deux côtés par des voies opposantes, l'engagement dans la voie de la sagesse devient une question de choix personnel. Mais, avant tout, il faut préalablement distinguer ces voies et puis répondre à leur appel.

Le verset qui se trouve au centre même du chapitre relatif à l'obtention de la sagesse est le suivant: *La crainte de l'Eternel est le commencement de la science; les insensés méprisent la sagesse et l'instruction* (ch. 1:7). Il se retrouve un peu modifié dans le chapitre 9:10: *Le commencement de la sagesse c'est la crainte de l'Eternel; Et la science des saints c'est l'intelligence*. Pour une meilleure intelligence des origines de la sagesse, il nous faut y ajouter un verset adjacent du livre de Job: *Voici la crainte du Seigneur, c'est la sagesse; S'éloigner du mal, c'est l'intelligence* (Job 28:28).

Ces trois versets, mis en corrélation, illustrent éloquemment l'idée que la Bible s'explique par elle-même, au fur et à mesure que les assertions ayant le même sujet se complètent réciproquement. Le premier dit que la crainte de l'Eternel est à l'origine de la science, le second affirme que la sagesse a son origine dans la crainte de l'Eternel. Par conséquent la crainte de l'Eternel engendre à la fois la *science* et la *sagesse* termes qui, aux yeux d'un sage, s'avèrent assez souvent commutables. Le troisième met signe d'égalité entre la crainte du Seigneur et la sagesse. Cela veut dire que là, où la crainte de l'Eternel se signale, la sagesse ne tarde pas de faire son apparition.

Les unités parémiologiques de la Bible contiennent au moins deux phrases. Pour ce qui est des secondes phrases de ces trois versets, elles dévoilent que:
  ➢ la science s'acquiert par l'intermédiaire de l'intelligence et la sagesse, de même;
  ➢ l'intelligence se reconnaît à ses intentions de s'éloigner du mal;
  ➢ souvent l'instruction que les sages donnent aux hommes se heurte contre le mépris de ces derniers; ce mépris vient de ce qu'il répugne aux insensés de s'éloigner du mal.

Il importe de savoir que la crainte de l'Eternel se doit à l'atteinte du Saint-Esprit. En prophétisant sur Christ, Ésaïe a proféré ces mot sentencieux:*Puis un rameau sortira du tronc d'Isaï, / Et un rejeton naîtra de ses racines. / L'Esprit de l'Éternel reposera sur lui:Esprit de sagesse et d'intelligence, Esprit de conseil et de force/ Esprit de connaissance et de crainte de l'Eternel* (Ésaïe 11:1, 2).

Si l'Esprit de l'Éternel descend sur quelqu'un, il répand dans le coeur humain la connaissance et la crainte de l'Éternel.

À ce qu'il paraît, la connaissance et la crainte de Dieu vont de pair. Qui pourrait craindre le Tout-Puissant sinon celui qui le connaît? D'ailleurs la connaissance du Père et du Fils équivaut à la vie éternelle (Jean 17:3). Quiconque connaît la majesté resplendissante du Roi céleste craint le contrarier et cherche à Lui être agréable. La marque infaillible de la crainte de Dieu, c'est l'éloignement des œuvres du Diable.

Le pharaon égyptien du temps de Moïse méconnaissait l'Éternel (Ex. 5:2). Aussi s'est-il opposé à la volonté divine jusqu'à perdre son fils premier né. Dieu fait tout ce qu'il veut dans les cieux et sur la terre (Ps. 135:6). S'il a trouvé bon de ne pas se révéler au roi d'Égypte, qui ose le lui imputer?

Dans les temps anciens Dieu s'est révélé à l'enfant Samuel par sa Parole (I. Samuel. 3:21), à Gédéon, par son ange (Juges 6:11–23), à Jacob, dans un songe (Genèse. 28:10–19), au peuple d'Israël, par des prodiges accomplis en leur faveur et contre le pays d'Égypte (Exode ch. 5–14). Dans l'époque de la grâce que voici, Dieu se révèle par la parole inspirée de l'Évangile (I. Pi. 1:24, 25; II. Pi. 1:21; Rom. 10:17), par son Fils qu'il a ressuscité des morts (Matt. 11:27; Rom. 10:9, 10; Actes 9:1–9), et par les manifestations du Saint-Esprit au moyen d'un vase humain christique possédant les dons de l'Esprit: *parole de sagesse, parole de connaissance, don de guérison, don d'opérer des miracles, prophétie, discernement des esprits, parler en langues, interprétation des langues* (Jean 14:21; I. Cor. 12:7–10).

On ne pourrait souligner assez dans cette atmosphère « antimiracle » qui caractérise la chrétienté d'aujourd'hui que Christ ne cesse se manifester aux siens qui gardent sa parole. Par contre ceux qui ne gardent pas sa parole sont privés des manifestations miraculeuses du Saint-Esprit (Jean 14:22–24).

Une fois atteint par le Saint-Esprit, l'homme né en péché, asservis aux esprits malins, commence à connaître Dieu et à le craindre et ne tarde pas de s'engager dans la voie de la sagesse.

Mais avant de décrire les voies de la sagesse, il convient d'esquisser le devenir du candidat à la sagesse. Celui-ci se tourne pour écouter les réprimandes sans y résister comme auparavant. Il n'oublie pas les enseignements nouvellement reçus et les met en pratique. Les préceptes des sages font les délices de son âme; il se détourne du mal et cherche la compagnie des sages; il s'habitue à réfléchir pour éviter les pièges des méchants; il cherche l'intelligence comme l'argent et la poursuit comme un trésor. Ce sont tout autant d'efforts conscients qui attestent la présence de la crainte de l'Éternel dans le cœur humain.

La sagesse que la crainte de l'Éternel fait naître découle de la sagesse par laquelle Dieu a fondé la Terre et a affermi les cieux.

Elle apprend à ses disciples à marcher dans le chemin de la justice au milieu des sentiers de la droiture. La sagesse d'en haut fait tous les jours les délices du Créateur. C'est pourquoi celui qui la trouve obtient la faveur du Tout-Puissant. Ceux qui pèchent contre elle nuisent à leur âme, tous ceux qui la haïssent, aiment la mort.

II. La voie de la piété et celle de l'impiété

Celui qui cherche des ressemblances dans ce monde passager finit par découvrir des contrastes étonnants. Or le *massal*, dans une de ses acceptions, signifie *ressembler*. De ce fait, le corpus biblique abonde en ressemblances, mais il surabonde en oppositions. La conjonction le plus fréquemment employée à l'intérieur d'une unité parémiologique, c'est „mais". Comment comprendre ce qu'est la lumière sinon par opposition aux ténèbres? Comment expliquer ce qu'est la piété sinon par contraste avec l'impiété? De plus, cette façon de présenter les choses a l'avantage d'inciter le lecteur à en faire son choix.

La piété est une vertu qui porte à rendre à Dieu l'honneur qui lui est due. Elle se manifeste extérieurement par un fervent attachement au service de Dieu. Il va sans dire que la piété se doit elle aussi à la connaissance de Dieu, connaissance progressive qui rallie à la crainte de l'Eternel la confiance, l'espérance et l'amour. À l'instant de son irruption, la connaissance du Dieu justicier apprivoise l'inimitié ancestrale de l'homme contre son Créateur. Dès ce moment-là, l'individu craint parler et faire ce qui mécontente l'Éternel. Au fur et à mesure que le pécheur s'éloigne du mal, Dieu se fait sentir dans sa vie. Alors, l'homme commence à découvrir la bonté, la fidélité et l'amour de son Créateur. Comme réponse aux phases successives de la révélation divine, le sage se dévoue davantage au service de son Maître.

Voici maintenant quelques aspects de la piété que le recueil biblique met en évidence. Le premier échantillon de proverbes propage la confiance en l'Eternel.

1. Confie-toi en l'Éternel de tout ton coeur, Et ne t'appuie pas sur ta sagesse. / Reconnais-le dans toutes tes voies, Et il aplanira tes sentiers (3:5, 6).

2. Ne redoutes ni une terreur soudaine, Ni une attaque de la part des méchants/ Car l'Éternel sera ton assurance, Il préservera ton pied de tout embûche (3:25, 26).

3. Le nom de l'Éternel est une tour forte; le juste s'y réfugie et se trouve en sûreté (18:10).

4. Toute parole de Dieu est éprouvée. Il est un bouclier pour ceux qui cherchent en Lui un refuge (30:5).

5. Le cheval est équipé pour le jour de la bataille, Mais la délivrance appartient à l'Éternel (21:31).

Ces versets s'adressent évidemment à des gens qui ont à affronter des dangers imminents et ont besoin d'être rassurés pour sortir d'embarras. Ce qui les en empêche, c'est la confiance en eux-mêmes et en les armes dont ils disposent. Un homme en détresse doit mépriser le péril et s'attendre à l'Éternel, le reconnaissant dans tout ce qui lui arrive. C'est à cette condition que l'Éternel peut intervenir miraculeusement dans une situation chancelante et la redresser en faveur du croyant. Si l'aide de l'Éternel n'arrive pas à temps, la faute en sera à la crainte du monde laquelle empêche toute communion avec Dieu. Notre communion avec l'Éternel se réalise par la foi. Or la peur dénote l'amoindrissement de la foi, laquelle se relie toujours à un nom. Dieu sauve ceux qui appellent son nom et s'appuient sur ces promesses contenues dans la Bible.

Une autre série de vesets envisage des préceptes qui règlent le service de Dieu.

1. Honore l'Éternel avec tes biens, Et avec les prémices de ton revenu; / Alors tes greniers seront remplis d'abondance, Et te cuves regorgeront de moût (3:9, 10).

2. Mon fils ne méprise pas la correction de l'Éternel, Et ne t'effraie point de ses châtiments; / Car l'Éternel châtie celui qu'il aime, Comme un père l'enfant qu'il chérit (3:11, 12).

3. C'est un piège pour l'homme que de prendre à la légère un engagement sacré/ Et de ne réfléchir qu'après avoir fait un vœu (20:25).
4. La pratique de la justice et de l'équité, Voilà ce que l'Éternel préfère aux sacrifices (21:3).
5. Mon fils donne moi ton cœur, Et tes yeux se plaisent dans mes voies (23:26).
6. Les hommes livrés au mal ne comprennent ce qui est juste, Mais ceux qui cherchent l'Éternel comprennent tout (28:5).
7. Celui qui cache sa transgression ne prospère point, Mais celui qui les avoue et les délaisse obtient miséricorde (28:13).

Donner la dîme assure à l'avenir la bénédiction de Dieu et atteste notre dépendance matérielle de la bonté et du gouvernement divins. Si Dieu nous envoie des désagréments, des maladies et du malheur, c'est pour nous appliquer une correction paternelle, laquelle a le rôle de nous disposer à reconsidérer notre conduite et non pas celui de nous effrayer. Quiconque fait un vœu est tenu de l'accomplir. Pour les irréfléchis l'engagement sacré devient souvent un piège où ils donnent. Les pensées de l'homme ne s'élèvent jamais à la hauteur des pensées de Dieu. L'homme simple considère que les sacrifices l'emportent sur les démarches de la vie quotidienne. Dieu préfère, par contre, la pratique de la justice aux sacrifices. De nos jours, nous offrons à Dieu un sacrifice de louanges, c'est-à-dire le fruit de lèvres qui confessent le nom de Jésus-Christ (Hé. 13:15). Pour beaucoup d'entre nous, la marche dans la voie du Seigneur constitue un fardeau. C'est que la vie religieuse est pour nous une affaire mentale et non pas de cœur. Celui qui sert Dieu avec affection prend beaucoup de plaisir à ses occupations pieuses. Chercher l'Éternel veut dire s'attendre à Lui et le repérer dans les évènements qui se produisent autour de nous. Celui qui cherche incessamment Dieu est censé comprendre tout. L'esprit d'un tel homme s'accommode aux ondes sur lesquelles Dieu transmet son message. Il se peut que l'élu de Dieu transgresse l'un des commandements qui entraînent une sentence de peine. Dans ce cas il faut avouer la faute et s'en détourner, ce qui fait possible le progrès spirituel.

Certains des proverbes présentés jusqu'ici ébauchent déjà le portrait de l'impie. Maintenant nous en y ajoutons d'autres.

1. La crainte de l'Éternel, c'est la haine du mal; L'arrogance et l'orgueil, la voie du mal, Et la bouche perverse, voilà ce que je hais (8:13).

2. La voie de l'Éternel est un rempart pour l'intégrité, Mais elle est une ruine pour ceux qui font le mal (10:29).

3. Celui qui marche dans la droiture craint l'Éternel, mais celui qui prend des voies tortueuses le méprise (14:2).

4. Il y a six choses que hait l'Éternel, Et même sept qu'il a en horreur:/ Les yeux hautains, la langue menteuse, les mains qui répandent le sang innocent, / Le coeur qui médite des projets iniques, les pieds qui se hâtent de courir au mal, / Le faux témoin qui dit des mensonges, Et celui qui excite des querelles entre les frères (6:16–19).

5. La balance fausse est en horreur à l'Eternel, Mail le poids juste Lui est agréable (11:1).

6. Si quelqu'un détourne l'oreille pour ne pas écouter la Loi, Sa prière même est une abomination (28:9).

7. La lumière des justes est joyeuse, Mais la lampe des méchants s'éteint (13:9).

Les impies sont des hommes asservis au mal, ne comprenant pas ce qui est juste. Parce qu'ils boivent l'iniquité comme l'eau, leur entendement s'est gâté. De ce qu'ils se plaisent à prendre des voies tortueuses, il s'ensuit un mépris aveugle envers Dieu. Leur traits caractéristiques, ce sont: l'arrogance, l'orgueil, la bouche perverse, les mains qui répandent le sang innocent, le cœur qui médite des projets iniques et la fausseté dans les affaires. Ces quelques versets mettent en évidence le péril que les impies encourent: leur lampe s'éteint, il leur est réservé l'obscurité des ténèbres pour l'éternité (Jude 1:12, 13). Trompeur de naissance, l'impie n'a pas honte de se jouer de l'Éternel, mais sa prière lui est imputée d'abomination. Celui qui détourne l'oreille pour ne pas écouter la Parole n'a comment prier en esprit et en vérité, car la vérité, c'est la parole de Dieu (Jean 4:24; 17:17).

À la fin de ce chapitre, il est recommandable que nous nous penchions un peu sur les trois versets suivant:*Je te demande deux choses:Ne me les refuse, avant que je meure!/ Éloigne de moi la fausseté et la parole mensongère; Ne me donne ni pauvreté, ni richesse. Accorde-moi le pain qui m'est nécessaire, / De peur que dans l'abondance je ne te renies, Et ne dise:qui est l'Éternel? Ou que, dans la pauvreté, je ne dérobe et ne m'attaque au nom de Dieu.* (30:7–9).

Nous sommes en présence d'une prière, la seule qu'on retrouve dans ce recueil inspiré. Dans sa prière, Agure, fils de Jaké, supplie Dieu, d'un part, de le préserver de l'esprit de fourberie et, d'autre part, de lui donner un état matériel qui favorise le maintien de sa communication avec l'Éternel. La première requête met en évidence l'autorité que Dieu a sur les esprits immondes: il peut les éloigner de l'entourage de ses élus. La seconde requête attire l'attention sur les pièges que la pauvreté et la richesse tendent à la majeure partie des humains. Ceux qui vivent dans l'opulence ont la hardiesse de mépriser leur Créateur. (Deut. 8:12–18). Ceux qui vivent dans la misère se voient contraints à dérober. Plus d'une foi, ils emploient le nom de Dieu dans leurs imprécations, défiant Celui en qui ils ont la vie, le mouvement et l'être. Par le prisme de la prière d'Agure, on réalise que l'impiété renvoie d'un côté à l'esprit de fausseté qui s'empare de l'homme né en péché, de l'autre côté, à un état matériel d'outrance qui favorise le jeu des démons. Ce n'est pas en vain que le Seigneur nous apprend à prier en ces termes:*Donne-nous aujourd'hui notre pain quotidien* (Matth. 6:11), car le mieux pour nous c'est d'être à l'abri de la famine aussi bien que de l'opulence.

III. La voie de la tempérance et celle de l'intempérance

La voie de la tempérance est jalonnée par maintes mises en garde contre l'intempérance. Aux yeux pénétrants du sage, l'intempérance s'impose comme un principe absolu de la vie terrestre. Approchons-nous pour un court délai d'une méditation à chiffres d'Agure: *La sangsue a deux filles:Donne, donne! Trois choses sont insatiable, Quatre ne disent jamais:Assez!/ Le séjour des morts, la femme stérile, La terre qui n'est pas rassasiée d'eau, Et le feu qui ne dit jamais:Assez!* (30:15, 16).

La sangsue se reproduit sans changer de nature, nature qui se définit par la soif de jouissances égoïste. La sangsue représente l'homme assujetti à ses convoitises toujours renaissantes, assouvies immanquablement au détriment des autres. Le séjour des morts aime laisser continuellement ses portes ouvertes pour accueillir ceux qui s'éteignent jour par jour; la femme stérile ne cesse d'espérer d'enfanter un jour. L'absence totale de résultats ne l'éloigne point des plaisirs sensuels.

L'eau symbolise la vie, la terre est l'homme, car l'homme a été tiré de la terre. L'homme n'est jamais rassasié des manifestations de vie, à n'importe quel âge il en veut encore. Le feu représente le principe destructif. Les forces destructives se repaissent inlassablement de ce que la vie produit incessamment.

La sagesse nous met en garde principalement contre les abus de l'alimentation. Voilà quelques versets qui s'imposent à cet égard:

1. *Ne sois pas parmi les buveurs de vin, Parmi ceux qui font excès des viandes; / Car l'ivrogne et celui qui se livre à des excès s'appauvrissent, Et l'assoupissement fait porter des haillons* (23:20, 21).

2. *Ce n'est pont aux rois, Lémuel, ce n'est point aux rois de boire du vin, Ni aux princes de rechercher des liqueurs forts, De peur qu'en buvant ils n'oublient la loi, Et ne méconnaissent les droits de tous les malheureux* (31:4, 5).

Il s'agit, dans ces réprimandes, des gens qui font

habituellement bonne chère dans leur maison, ne sachant pas qu'ils s'exposent, de cette manière, à l'appauvrissement matériel et à l'assoupissement spirituel. Dans le cas des rois et des juges la boisson amène regrettablement à des injustices lamentables. À l'adresse de ceux qui vont souvent aux noces et aiment festoyer joyeusement, le sage fait des appréciations semblables aux précédentes:*Celui qui aime la joie reste dans l'indigence; celui qui aime le vin et l'huile ne s'enrichit pas* (21:17). Malgré un bon revenu familial, certaines gens n'arrivent jamais à s'enrichir, car ils gaspillent leur argent pour du vin et de l'eau-de-vie.

D'ailleurs, le recueil dont nous nous occupons contient un poème consacré à l'ivrogne. Nous le rendons dans l'espérance qu'il produira des échos dans les cœurs sensibles:*Pour qui les ah? pour qui les hélas? Pour qui les disputes? pour qui les plaintes? Pour qui les blessures sans raison? pour qui les yeux rouges?/ Pour ceux qui s'attardent auprès du vin, Pour ceux qui vont déguster du vin mêlé. / Ne regarde pas le vin qui paraît d'un beau rouge, Qui fait des perles dans la coupe, Et qui coule aisément. / Il finit par mordre comme un serpent et par piquer comme un basilique. / Tes yeux se porteront sur des étrangères, Et ton cœur parlera d'une manière perverse. / Tu seras comme un homme couché au milieu de la mer, Comme un homme couché sur le sommet d'un mât:/ On m'a frappé... je n'ai point de mal! On m'a battu... je ne sens rien! Quand me réveillerai-je? J'en veux encore* (23:29–35).

Les questions du début attirent l'attention sur un état alarmant, celui de l'ivrogne. La réponse à ces questions explique la cause de cet état-là: on s'attarde à déguster le vin mêlé. Ce vin ensorcelle à proprement parler son dégustateur par sa couleur, ses ornements et par sa façon facile de glisser en bas, dans l'estomac. Les conséquences de l'ivrognerie sont semblables à celle produite par la morsure d'un serpent venimeux. L'homme perd tout contrôle sur soi-même, sur ses gestes et sur ses paroles. L'image final place notre ivrogne dans une situation extrêmement délicate:

il est comme un homme couché sur le sommet d'un mât, d'où il peut tomber à tout moment au milieu de la mer. Malgré les hontes bues et les périls encourus, l'ivrogne cuvant son vin ne pense qu'à boire à son réveil. Sans doute a-t-il été fait esclave par le démon de l'alcool. Il peut être délivré de son esclavage par la foi en Jésus-Christ (Marc 9:23; 11:24; Jean 14:13), lequel est venu sur la terre pour proclamer aux captifs la délivrance (Luc 4:18, 19).

L'appel à la tempérance dans le domaine des relations conjugales n'apparaît que symboliquement, comme dans l'énonce suivent: *Si tu trouves du miel, n'en mange que ce qui te suffit, De peur que tu n'en sois rassasié et que tu ne le vomisses* (25:17). Celui qui fait abus du *miel* finit par s'en dégoûter. C'est un avertissement solennel pour les jeunes couples d'aujourd'hui.

L'avidité de gain s'avère être une manifestation spéciale de l'intempérance. L'homme naturel ne se contente jamais des biens dont il dispose. Voilà pourquoi plusieurs proverbes mettent en gardent contre la cupidité

1. *Et eux, c'est contre leur propre sang qu'ils dressent des embûches. C'est à leur âme qu'ils tendent des pièges. / Ainsi arrive-t-il à tout homme avide de gain; La cupidité cause la perte de ceux qui s'y livrent* (1:18, 19).

2. *Celui qui est avide de gain trouble sa maison, mais celui qui hait les présents, vivra* (15:27).

3. *Ne te tourmente pas pour t'enrichir, N'y applique pas ton intelligence. / Veux-tu poursuivre du regard ce qui va disparaître? Car la richesse se fait des ailes, Et comme l'aigle prend le vol vers les cieux* (23:4, 5).

4. *Celui qui augmente ses biens par l'intérêt et l'usure,/ Les amasse pour celui qui a pitié des pauvres* (28:8).

5. *Un homme fidèle est comblé de bénédictions, mais celui qui se hâte de s'enrichir ne reste pas impuni* (28:20).

Le premier verset fait mention des bandes de brigands qui, au mépris de Dieu, versent du sang pour remplir leur maison de butin. Mais Dieu fera retomber leurs œuvres sur leurs têtes (Abdias

1:15). S'occupant exclusivement de son argent, l'avare manque à ses obligations familiales, ce qui nuit à la paix de sa maison. Le présent donné dans l'intention d'arrosage, écourte la vie de son bénéficier. De nos jours beaucoup se tourmentent pour s'enrichir. Quand ils feraient fortune, leurs biens disparaîtraient sans laisser des traces. Des temps immémoriaux, les riches prêtent à intérêt et à usure aux indigents. Mais Dieu arrange les choses de manière à passer l'avoir des usuriers aux âmes bienfaisantes. L'un des traits distinctifs des jeunes gens, c'est l'impatience. Nombre d'entre eux ont hâte d'atteindre leurs buts. Le sage les avertit d'un ton grave que l'empressement qu'ils mettent à s'enrichir attire la punition divine.

Il nous reste encore d'aborder l'intempérance quant aux gestes et paroles:

1. Celui qui est lent à la colère vaut mieux qu'un héros, Et qui est maître de lui-même que celui qui prend des villes (16:32).

2. Celui qui retient ses paroles connaît la science, Et celui qui a l'esprit calme est un homme intelligent (17:27).

La lenteur à la colère est signe de maîtrise de soi. Maîtriser un tempérament coléreux dépasse comme difficulté la prouesse d'un héros qui conquiert une ville. Cette comparaison nous donne une image plastique du combat qui s'engage dans l'âme humaine pour le maintien de l'aplomb intérieur. L'équilibre psychique se doit à la domination d'un esprit calme et ce dernier a comme source l'intelligence. Ainsi donc l'intelligence répand le calme et celui-ci élimine les impulsions de fureurs. On en conclut que celui qui ne retient pas ses paroles n'est pas intelligent et ne connaît pas la science d'en haut. Pour ce qui est de la tempérance langagière, il nous paraît convenable de citer finalement l'apôtre Jacques: *Ainsi, mes frères bien-aimé, que tout homme soit prompt à écouter, lent à parler, lent à se mettre en colère; car la colère de l'homme n'accomplit pas la justice de Dieu* (Jacques 1:19).

IV. *La voie de la prudence et celle de l'imprudence*

Les terriens habitent dans un monde parsemé de pièges tendus à l'esprit, à l'âme et au corps. Le premier couple humain a été vaincu par l'esprit d'erreur, lors de la tentation d'Ève. Chacun devient esclave de celui à qui il obéit. (Romains 6:16) Ève et Adam ont obéi au Tentateur et ont désobéi à Dieu. (Genèse 3:1-20) C'est que L'Éternel a permis que l'homme tombe en tentation et commette un péché.

Quant au péché, c'est la transgression du commandement divin, selon Jean, Première Épître, chapitre 3, verset 4. Tout transgresseur tombe forcément sous la puissance du Tentateur; un chérubin déchu. Selon ce principe, Dieu a renfermé le premier couple humain dans la désobéissance, héritage de tous les humains. (Rom. 11:32; Éph. 2:1, 2) L'état d'asservissement causé par le péché adamique se matérialise en travers sociaux, en maladies, en accidents et en décès. (Rom. 5:12) Tous ces maux accusent les pièges que les esprits de désobéissance tendent à l'humanité entière.

Dans le corpus biblique, ces pièges sévissent en nous ou hors de nous. Les pièges de dedans sont des imperfections psychiques qui engendrent de mauvaises habitudes. Choisissons pour autant quelques unités illustrant les pièges de dedans.

1. « Celui qui parle beaucoup ne manque de pécher. Mais celui qui retient ses lèvres est un homme prudent ». (10:18)

2. « Quand la prudence fait défaut le peuple tombe; Et le salut est dans le grand nombre de conseillers ». (11:14)

3. « Tel qui parle légèrement blesse comme un glaive; Mais la langue des sages apporte la guérison ». (12:18)

4. « Celui qui veille sur sa bouche garde son âme. Celui qui ouvre de grandes lèvres court à sa perte ». (13:3)

5. « Celui qui est prompt à la colère fait des sottises; Et l'homme plein de malice s'attire la haine ». (14:17)

6. « Le manque de science n'est pas bon pour personne; Et

celui qui se précipite ses pas tombe dans le péché ». (19:2)

7. « Ne te vante pas du lendemain, Car tu ne sais pas ce qu'un jour peut enfanter ». (27:1)

8. « L'homme simple croit tout ce qu'on dit; Mais l'homme prudent est attentif à ses pas ». (14:15)

9. « Si tu faiblis au jour de la détresse, Ta force n'est que détresse ». (24:10).

En générale, nous péchons en parole et en œuvre, ayant comme salaire la mort. (Rom. 6:23)Voilà pourquoi il faut peser les mots avant de les prononcer. «Au jour du jugement les gens rendront compte de toute parole oiseuse qu'ils auront prononcée» (Matthieu12:36) À la lumière de ce qui vient d'être dit, tout homme bavard fait preuve d'imprudence.

Réduire le nombre des conducteurs du peuple est de même un geste d'imprudence. L'élection de nombreux conseillers préserve la nation de regrettables chutes morales et de désastres sociaux.

Apanage exclusif de l'homme, la langue blesse et embaume. On reconnaît les sages à l'effet guérissant de leur langue, tandis que les insensés causent des plaies en parlant.

Les cris qu'on entend dans la rue témoignent de bassesse, d'irritation et d'inculture. Ceux qui profèrent de telles paroles ne restent pas impunis, car ils ôtent la paix à leurs semblables. À veiller sur sa bouche, on garde sa propre âme et celle de son semblable en paix.

L'homme plein de malice se trahit par sa promptitude à la colère, ce qui lui vaut la haine de son entourage.

À cause de la précipitation beaucoup tombent dans le péché La précipitation se doit au manque de science.

Dans leur présomption, les gens se vantent du lendemain, des plans qu'ils conçoivent. Puisque le lendemain n'est pas dans le pouvoir de l'homme, mais dans le pouvoir de Dieu, plus d'une fois, les gens ont part à des événements inattendus.

La naïveté tend souvent piège à la jeunesse. Le naïf croit tout, car il n'a pas l'habitude de trier sur le volet les informations qu'on véhicule. Par contre, un sage n'agit qu'après mûre réflexion.

Le jour de la détresse met à l'épreuve notre fermeté et notre force; au long d'un tel jour chacun se convainc de ses faiblesses.

Après ces quelques proverbes traitant des pièges intérieurs, on en passe à d'autres qui attirent l'attention sur les pièges du dehors.

1. »Ne mange pas le pain de celui dont le regard est malveillant, Et ne convoite pas ses friandises. Or il est tel que les pensées de son âme. Mange et bois, te dira-t-il, mais son cœur n'est pas avec toi. Tu vomiras le morceau que tu as mangé, et tu auras perdu tes propos agréables ». (23:6-8)

2. « Ne te hâte pas d'entrer en contestation, de peur qu'à la fin tu ne saches que faire, lorsque ton prochain t'auras outragé ». (25:8)

3. »Mets rarement le pied dans la maison de ton prochain, de peur qu'il ne soit rassasié de toi et qu'il ne te haïsse ». (25:17)

4. »Ne sois pas parmi ceux qui prennent des engagements, parmi ceux qui cautionnent pour des dettes. Si tu n'as pas de quoi payer, pourquoi voudrais-tu qu'on enlevât ton lit de dessous toi? » (22:26, 27)

5. « La crainte des hommes tend un piège, mais celui qui se confie en l'Eternel est protégé ». (29:25)

L'oeil est la lampe du corps et la fenêtre de l'âme. C'est pourquoi les individus dont le regard est ténébreux manquent de lumière et inspirent de la frayeur. C'est une vraie imprudence que de participer au festin offert par une personne aux regards malveillants.

Autant de gens, autant d'idées, dit la sagesse populaire. Le heurt des idées entraîne le heurt des gens. Les gens bienveillants combattent des idées et respectent leurs adversaires. Il en est autrement des gens malveillants, qui usent d'outrages dans leurs répliques. L'habitude de contester attire souvent des outrages.

Tout abus aigrit l'homme. Même les visites qu'on rend à ses amis peuvent tourner en mal, apportant des disputes et de la haine.

Garantir le paiement d'une dette est une mesure de sécurité

assez fréquente au milieu des hommes d'affaires. Mais le garant peut passer par des moments très durs, s'il lui arrive réellement de payer la dette d'autrui. Salomon nous déconseille de cautionner qui que ce soit.

La crainte des hommes éclipse la crainte de l'Éternel, parce que ces deux craintes d'origines différentes ne peuvent trôner simultanément dans le cœur humain. La crainte des hommes est propre à ceux qui marchent selon la vue, tandis que la crainte de l'Éternel est spécifique à ceux qui marchent par la foi. La foi annule les craintes qu'inspirent les hommes aussi bien que la crainte des hommes sape la crainte de Dieu. Voilà pourquoi la peur des hommes constitue une embûche contre le salut de l'âme, salut assuré par la crainte de l'Éternel et par la foi.

V. La voie de l'homme intelligent et celle de l'insensé

Dans le domaine parémiologique, les termes « intelligent » et »sage » sont interchangeables. Il en est de même pour les termes « insensé » et « fou ». Les concepts dont on s'occupe se retrouvent en contraste dans le cadre de la même unité.

Les proverbes suivants accordent la première importance à la description de l'homme intelligent.

1. »Le sage a de la retenue et se détourne du mal, mais l'insensé est arrogant et plein de sécurité ». (14:16).

2. « Celui qui est lent à la colère a une grande intelligence. Mais celui qui est prompt à s'emporter proclame sa folie ». (14:29)

3. « Pour le sage, le sentier de la vie mène en haut, afin qu'il se détourne du séjour des morts qui est en bas ». (15:24)

4. »Celui qui réfléchit sur les choses trouve le bonheur, et celui qui se confie en l'Éternel est heureux ». (16:20)

5. »L'homme qui a de la sagesse est lent à la colère, et il met sa gloire à oublier les offenses ». (19:11).

6. »Les desseins dans le cœur de l'homme sont des eaux profondes, mais l'homme intelligent sait y puiser ». (20:5)

7. »Un homme sage est plein de force, et celui qui a de la science affermit sa vigueur. Car tu feras la guerre avec prudence, et le salut est dans le grand nombre de conseillers «. (24:5, 6)

Le sage calcule ses chances de réussite dans la vie et trouve ses propres capacités insignifiantes. Connaissant les limites de l'existence terrestre et craignant Dieu, le sage se détourne de la haine, de la vengeance et de toute fausseté.

Lors d'une confrontation, le sage ne tempête guère, mais il expose ses vues avec calme. Sa lenteur à la colère le distingue de son entourage. Il est lent à la colère par prévision, ne voulant pas pécher contre Dieu et contre ses semblables.

Spirituellement parlant, chacun de nous s'achemine quotidiennement vers le ciel ou bien vers le séjour des morts. Le sentier qui mène en Haut appartient aux sages. Ils restent sur ce sentier aussi longtemps qu'ils se détournent du mal.

Le bonheur exige de remplir deux conditions:1.réfléchir sur les choses, 2.se confier en l'Éternel. Celui qui se confie de tout son cœur en l Éternel, fait de Lui ses délices et aura part à ce que son cœur désire. (Psaume 37:4) Dieu dirige jusqu'aux pensées de ses élus. Les affaires de l'homme qui se confie en l'Eternel et réfléchit sur les choses, ayant de la lumière d'en Haut, vont de mieux en mieux.

Ce que l'homme naturel oublie très difficilement, c'est l'outrage. Par contre, le sage met sa gloire à oublier les outrages qu'on lui a fait subir. Il y arrive par un combat mené contre son propre orgueil. C'est un combat très glorieux, apanage des intelligents. L'orgueil plonge dans le péché, une victoire remportée sur l'orgueil est un triomphe remporté sur le Royaume des Ténèbres.

La profondeur d'un étang recèle des énigmes pour le pêcheur. Mais y jetant une seine, il découvre ce que les eaux profondes renferment. De même le sage, par son habileté, met à nu les desseins dissimulés de ses semblables.

La force physique jouit d'une estime particulière parmi les jeunes, qui adorent les sportifs à renom. Quant aux intelligents, ils représentent une force autrement efficace. Cette force consiste dans la prudence et dans le conseil, nécessaires à tout combat spirituel.

C'est le tour maintenant des proverbes dédiés à l'image de l'insensé.

1. »Commettre le crime paraît un jeu à l'insensé, mais la sagesse appartient à l'homme intelligent ». (10:23)

2. »La voie de l'insensé est droite à ses yeux, mais celui qui écoute les conseils est sage ». (12:15)

3. »L'insensé laisse voir à l'instant sa colère, mais celui qui cache un outrage est un homme prudent ». (12:16).

4. »Les insensés se font un jeu du péché, mais parmi les hommes droits se trouve la bienveillance ». (14:9).

5. »Les lèvres de l'insensé se mêlent aux querelles, et sa bouche provoque les coups ». (18:6)

6. « Comme un chien qui retourne à ce qu'il a vomi, ainsi est un insensé qui revient à sa folie ». (26:11)

7. »L'insensé met en dehors toute sa passion, mais le sage la contient ». (29:11).

L'insensé ne perçoit que le jeu des relations interhumaines, il est incapable de prévoir les conséquences de ses actions. Il profite de toute circonstance pour triompher de ses adversaires et de poster en vainqueur.

Comme il trouve ses voies parfaites, il n'écoute pas les conseils qui le mettent en garde contre les dangers de toutes sortes.

Lorsque l'insensé enregistre un échec, un dégât, une offense, il se répand en injures et en menaces

Il ne lui vient même pas l'idée de cacher sa peine.

Manquant de bon sens, l'insensé regarde comme un jeu ses accès de colère. Les scènes les plus scandaleuses lui constituent un sujet de rire.

Le fait qu'il se mêle aux querelles prouve son imprudence. De telles disputes lui valent des bleus et des insomnies.

S'il commet des bévues et qu'il en ait à souffrir, l'insensé n'en tire aucune conclusion et revient toujours à sa folie préférée.

L'affectivité violente nuit au jugement. Dépourvu de lucidité, l'insensé affiche sa passion aux yeux de tous, car il ne peut pas la maîtriser.

En fin de compte, parcourons quelques unités contenant des conseils à propos des insensés.

1. »Ne parle pas aux oreilles de l'insensé, car il méprise la sagesse de tes discours ». (23:9)

2. »C'est attacher une pierre à la fronde, que d'accorder des honneurs à un insensé ». (26:8)

3. »Comme un archer qui blesse tout le monde, ainsi est celui qui prend à gage les insensés et les premiers venus ». (26:10)

4. « Éloigne-toi de l'insensé:ce n'est pas sur ses lèvres que tu aperçois la science ». (14:7).

Il est bien probable que nous perdions notre temps précieux à sermonner un insensé, qui éprouve du mépris pour nous et pour nos paroles.

Bons joueurs, bons viveurs, les insensés s'imposent sans difficulté dans la société. Alors on est tenté de leurs accorder des honneurs. Les honorer, ce serait un geste complètement gratuit.

En embauchant un insensé, un patron s'attire de la peine et du mal de tête. Son travailleur récemment embauché tout mettra en désordre.

L'apôtre Paul a reproduit un proverbe de son temps:« les mauvaises compagnies corrompent les bonnes mœurs » (1.Cor. 15:33) Étant donné qu'un insensé constitue une mauvaise compagnie, il nous faut nous éloigner de lui, de peur de contracter ses coutumes extrêmement nuisibles.

VI. La voie de la droiture et celle de la perversité

Dans la Bible, la droiture est synonyme de la justice et la perversité est synonyme de l'injustice. On considère l'homme juste comme étant irrépréhensible devant Dieu. La justice est donc un état de pureté spirituelle. Celui qui marche dans la droiture se maintient pur et sans tache. À l'opposé de l'homme droit il se trouve le pervers. Celui-ci ne connaît pas le chemin de la droiture, se souillant sans cesse par ses paroles et par ses gestes. Tout pervers est injuste et répréhensible devant Dieu.

La première série d'unités dont on s'occupe dans ce chapitre retrace la voie de la droiture.

1. »Écarte de ta bouche la fausseté, éloigne de tes lèvres les détours. Que tes yeux regardent en face, et que tes paupières se dirigent devant toi. Considère le chemin par où tu passes, et que tes voies soient bien réglés. N'incline ni à droite ni à gauche, et détourne ton pied du mal ». (4:24-27)

2. « Le juste hait les paroles mensongères, le méchant se rend odieux et se couvre de honte ». (13; 5)

3. « La bouche du juste est une source de vie, mais la violence couvre la bouche des méchants ». (10; 11)

4. »L'œuvre du juste est pour la vie, le gain du méchant est pour le péché ». (10:16)

5. « Le fruit du juste est un arbre de vie, et le sage s'empare des âmes ». (11:30).

6. »La langue douce est un arbre de vie, mais la langue perverse brise l'âme ». (15:4)

7. »La vie est dans le sentier de la justice, la mort n'est pas dans le chemin qu'elle trace ». (12:28)

8. »Le chemin des hommes droits, c'est d'éviter le mal; celui qui garde son âme veille sur sa voie ». (16:17).

Les conseils de la première unité ont le rôle de délimiter la voie de la droiture, une voie qui exclue la fausseté de la bouche, celle des paupières et des pieds. Pour rester dans le chemin droit, il faut prêter attention aux carrefours, où l'on peut prendre un chemin errant. Celui qui regarde toujours en face, vers le Royaume de l'Éternel, ne s'engage pas dans le chemin des impies.

Bibliquement parlant, la notion de « haine » désigne une opposition obstinée vis-à-vis d'une personne ou d'une idée. Le juste s'oppose à l'esprit de mensonge pour ne pas en être vaincu. Il évite à la fois de se rendre odieux.

Très affable, le juste console ceux qui souffrent, édifiant par des paroles douces l'âme affligée. Il ne se trouve point de violence sur sa bouche.

Le juste n'emploie pas son argent à se procurer des denrées nuisibles au corps et à l'âme. Il ne gaspille pas ses biens pour des cigares et pour des boissons. Il n'en offre point aux prostituées.

À force de faire le bien et d'enseigner la sagesse, le juste sauve les âmes des Ténèbres.

De même que la langue distingue les saveurs, de même l'oreille distingue les voix. La voix vibrant d'amour nourrit l'âme qui l'entend.

Le dévouement pour la cause de la vie marque le juste. Il est attiré par la justice, parce que celle-ci possède la vie, c'est-à-dire que la vie s'étend à l'intérieur du Royaume de la Justice.

À l'opposé de l'homme naturel, qui se soucie exclusivement de son corps, le juste a soin principalement de son âme, sans négliger pour autant son corps. Lorsqu'il évite le mal, il a en vue de se garder de toute souillure.

Il suit maintenant une série de proverbes qui font le portrait de l'homme pervers.

1. « L'homme pervers, l'homme inique, marche la fausseté dans la bouche. Il cligne des yeux, parle du pied, fait des signes avec les doigts (6:12, 13).

2. »Celui qui ferme les yeux pour se livrer à des pensées perverses, celui qui mord ses lèvres a déjà consommé le mal ». (16:30)

3. « Ne déplace pas la borne ancienne, que tes pères ont

posée ». (22:28).

4. « Un homme qui flatte son prochain tend un filet sous ses pas ». (29:5).

5. »Le pain de mensonge est doux à l'homme, et plus tard sa bouche est remplie de gravier ». (20:17)

6. « Celui qui répand la calomnie dévoile des secrets; ne te mêle pas avec celui qui ouvre ses lèvres ». (20:19)

7. »Un autre te loue, et non ta bouche. Un étranger, et non tes lèvres ». (27:2).

8. »Tel fait le riche et n'a rien de tout, tel fait le pauvre et a de grands biens ». (13:7).

Les mœurs se pervertissent depuis six millénaires. Le noyau de ce processus irréversible, c'est le «moi» adamique, esclave du péché.

Le pervers fait tort à son prochain en cachette. De connivence avec des gens de son espèce, il fait toute sorte de signes et dupe le monde sans que celui-ci s'en rende compte.

Celui qui ferme les yeux en méditant le mal et mord ses lèvres en prenant des décisions malhonnêtes éprouve un plaisir sensuel à accomplir l'injustice.

Plus d'une fois, les fils d'un père honnête se corrompent dans une société corrompue. La fraude qui résulte du déplacement d'une borne ancienne tombe sous le jugement divin.

La flatterie réveille l'orgueil qui dort dans le cœur naturel. Une fois ranimé, l'orgueil ravage et l'orgueilleux et son milieu. Flatter quelqu'un, c'est le desservir à l'outrance.

On ment, tantôt par présomption, tantôt par couardise, en faisant une entorse à la vérité. L'important est que le menteur paraisse sous un jour favorable aux yeux de son auditoire. Lorsque la vérité perce à jour, le menteur baisse le front, éprouvant des souffrances amères.

La calomnie et la flatterie sont les deux faces d'une monnaie fausse. Le flatteur se fourre dans les bonnes grâces d'une personne dont il a besoin. Le calomniateur se venge d'une personne qui l'a contrarié, en dévoilant des secrets compromettants. Le sage conseille de fuir de tels hommes.

Bien que les vantards jouissent d'une certaine sympathie dans maints cercles sociaux, le sage contre-indique toute vantardise. De fait, la vantardise multiplie les mensonges.

L'esprit de tromperie crée parfois des scènes comiques: le riche se déguise en pauvre et le pauvre se déguise en riche. Plusieurs se laissent y tromper.

Dans quelques unités, le sage retient des aspects du combat que les méchants mènent contre les justes. En voilà plusieurs exemples.

1. « De celui qui rend le mal pour le bien, le mal ne quittera point la maison ». (17:13)

2. »Les hommes de sang haïssent l'homme intègre, mais les hommes droits protègent sa vie ». (29:10)

3. »Comme une fontaine troublée et une source corrompue, ainsi est le juste qui chancelle devant le méchant ». (25:26)

Ce qui paraît inconcevable, c'est qu'on puisse rendre le mal pour le bien. Une telle ingratitude se signale pourtant çà et là. Comme réponse divine, la maison de l'ingrat devient le siège des malédictions.

La haine que le second proverbe met en évidence se doit à un esclavage spirituel venant des Ténèbres. L'injuste persécute le juste à cause de sa voie. En revanche, le juste sera secouru, si poignante que soit sa situation, par les hommes droits.

Il se peut bien que le juste soit terrassé par la fureur du méchant. Alors, il commence à chanceler et à perde sa fermeté. Le juste chancelant est comparable à une source d'eau pure qui se trouble. Ce qui procure de limpidité à l'âme croyante, c'est la Parole qui y siège. Attaqué à l'improviste, le juste se défend, dans sa détresse, à l'aide des pensées humaines, exprimées par des paroles mondaines. Il oublie la Parole de Dieu, laquelle est l'épée de l'Esprit. C'est très pitoyable qu'une fontaine d'eau vive se trouble! L'eau corrompue n'est bonne à rien. Pourquoi craindre un mortel restant sous le jugement divin ? Frères, confiez-vous en l'Éternel et ne laissez pas que votre fontaine se troubler!

VII. La voie de la bonté et celle de la méchanceté

Dans un court discours adressé au roi Saul, David fait mention d'un ancien proverbe:« Des méchants vient la méchanceté » (1. Samuel 24:14). Si l'on met le nom «méchant» au singulier, on découvrira une vérité biblique de base:« Du Méchant vient la méchanceté » (cf. Jean8:44)

Adressant la parole au Seigneur Jésus, un chef du peuple l'appelle « bon maître ». Sur ce, Jésus lui réplique:« Pourquoi m'appelles-tu bon ? Il n'y a de bon que Dieu seul » (Luc 18:18, 19). La bonté vient donc de l'Éternel. « Dieu est amour » (1. Jean 4:16) « L'amour de Dieu est répandu dans nos cœurs par le Saint-Esprit » (Romains 5:5)

Après avoir fixé les origines de la bonté et de la méchanceté, on approche des versets ayant trait à la bonté.

1. »L'homme bon fait du bien à son âme, mais l'homme cruel trouble sa propre chair ». (11:17)

2. »Celui qui a pitié du pauvre prête à l'Éternel, qui lui rendra selon son œuvre ». (19:17)

3. »L'homme dont le regard est bienveillant sera béni, parce qu'il donne de son pain au pauvre ». (22:9)

4. »Tel qui donne libéralement devient plus riche, et tel qui épargne à l'excès ne fait que s'appauvrir ». (11:24)

5. »L'homme bienfaisant sera rassasié, et celui qui arrose sera lui-même arrosé ». (11:25)

6. »Celui qui donne au pauvre n'éprouve pas la disette, mais celui qui ferme les yeux est chargé de malédictions ». (28:27)

7. »Ce qui fait le charme d'un homme, c'est sa bonté; et mieux vaut un pauvre qu'un menteur ». (19:22)

Atteint de l'esprit d'amour venant de l'Éternel, l'homme bon commence par faire du bien à son propre âme et corps, faisant abstraction des facteurs troublants: inimité, vengeance, soucis, peur. À ce chapitre, on se conforme à l'exhortation de Pierre:« déchargez-vous sur lui (Dieu) de tous vos soucis » (1. Pierre 5:7). La bonté envers soi-même exclue tout ce qui sape la santé et raccourcit la vie:alcool, nicotine, stupéfiants, orgies.

La bonté se dirigeant vers les autres se concrétise principalement en bienfaits accordés aux pauvres. Qui a pitié de sa propre âme a aussi pitié des indigents. D'ailleurs, secourir les affamés s'avère être un acte de grand valeur devant l'Éternel, qui prend plaisir à cette offrande et récompense les gestes de charité (Hébreux 13:16).

L'homme bon se reconnaît à son regard bienveillant. Sa compassion pour les déshérités de la société lui attire la bénédiction divine.

Plusieurs chrétiens rendent témoignage de la validité de la quatrième unité. Ceux qui donnent libéralement au Nom de Jésus deviennent de plus en plus riches (cf. Colossiens 3:17, 23).

D'aucuns ont peur de s'appauvrir à la suite des bienfaits. Dieu ne permettra pas qu'un homme bon souffre de faim. Même ses enfants hériteront de sa bénédiction (Psaume 37:29).

La justice divine veut que la disette soit la part de ceux qui ferment les yeux à la rencontre des gens nécessiteux.

L'épithète « charmant » s'applique communément à des personnes d'une beauté physique à part. Le sage se permet d'employer ce terme pour désigner la beauté psychique de l'homme miséricordieux. La société méprise le pauvre plus que le menteur, le sage pense tout autrement, parce que, pour lui, l'état spirituel l'emporte sur l'état matériel.

Abordons maintenant des proverbes qui décrivent les méchants.

1. »Celui qui ferme son oreille au cri du pauvre criera lui-même et n'aura point de réponse ». (21:13)

2. »Opprimer le pauvre, c'est outrager celui qui l'a fait; mais

avoir pitié de l'indigent, c'est l'honorer ». (14:31)

3. »Car ils ne dormiraient, s'ils n'avaient fait le mal; le sommeil leur serait ravi, s'ils n'avaient fait tomber personne; car c'est le pain de méchanceté qu'ils mangent, c'est le vin de la violence qu'ils boivent ». (4; 16, 17)

4. »Le méchant est attentif à la lèvre inique; le menteur prête l'oreille à la langue pernicieuse ». (17:4)

5. »Le méchant accepte en secret des présents, pour pervertir les voies de la justice ». (17:23).

6. »Le méchant ne cherche que révolte, mais un messager cruel sera envoyé contre lui ». (17:11)

7. »La vie des méchants est comme les ténèbres. Ils n'aperçoivent pas ce qui les fait tomber ». (4:19).

8. »À la mort du méchant, son espoir périt; et l'attente des hommes iniques est anéantie ». (11:7)

9. »Le méchant est renversé par sa méchanceté; mais le juste trouve un refuge même en sa mort ». (14:32)

10. »Le sacrifice des méchants est en horreur à l'Eternel; mais la prière des hommes droits lui sont agréables ». (15; 8)

Fermer l'oreille au cri d'un malheureux, cela dénote une grande dureté d'âme. La réplique de Dieu ne se fera pas attendre très longtemps. Ce sera alors au méchant de crier; mais Dieu ne viendra pas à son secours.

Dieu a fait le pauvre, ainsi que le riche, à son image et à sa ressemblance. Pour cela, tout outrage qu'on inflige à la créature humaine est ressenti par le Créateur. Aller au-devant des désirs des hommes nécessiteux, c'est honorer le Créateur.

Il est inconcevable ce que la méchanceté puisse produire dans l'âme humaine. L'esprit méchant va jusqu'à déposséder de sommeil les âmes qui n'accomplissent régulièrement pas sa volonté. Pour le méchant, le forfait constitue un aliment qui le fait vivre. Il lui répugne donc de s'en séparer.

Lorsqu'on l'entretient de la paix, de la politesse, de la bienfaisance, le méchant trouve son interlocuteur embêtant. Mais, quand il s'agit de violence, de bassesse et de mots gros, notre homme se sent à l'aise et il ne lui échappe rien.

Oindre les pattes aux dignitaires est un subterfuge auquel le méchant recourt d'un air serein. Il croit à la toute - puissance de l'argent et des présents, moyens par lesquels il arrive à ses fins, en dépit de la loi.

La rébellion est à la mode depuis le jardin d'Éden:le péché originaire était un acte de rébellion contre Dieu (Genèse 2:16:17). Certains son rebelles même à leurs parents. L'Éternel réprime la révolte du fait que toute autorité a été instituée par son ordre (Romains 13:1, 2).

Les ténèbres symbolisent le Royaume de Satan, tandis que les lumières symbolisent le Royaume de Dieu et de son Christ. (Jean 8:12; 12:35) Ceux qui sont sous la puissance de Satan souffrent de cécité spirituelle, ils ne voient pas le bout de leur chemin:un précipice.

Puisqu'ils n'aperçoivent point le monde à venir de Christ, les méchants s'attachent passionnément à ce monde passager. Refusant de croire au message de la Bible, ils perdent toutes leurs espérances sur leur lit d'agonie.

Tout ce que le méchant œuvre, Dieu le retourne sur sa tête (Abdias1:15). C'est ce que veut dire la phrase « le méchant est renversé par sa méchanceté ». Pour le croyant, même la mort est un gain. (Plil. 1:21).

Il est étonnant de dire que les méchants apportent des sacrifices à l'Éternel. Cela arrive pourtant par esprit de moutonnerie. À l'époque de la grâce, on offre à Dieu un sacrifice de louanges, le fruit des lèvres confessant le nom de Christ (Hébreux 13:15) Mais la prière manquant de foi est en abomination à l'Éternel.

Finissons ce chapitre par le commentaire de quelques proverbes conçus sous forme de conseil.

1. »Ne médite pas le mal contre ton prochain, lorsqu'il demeure tranquillement près de toi ». (3:29)

2. »Ne dis pas: Je rendrai le mal. Espère en l'Éternel, il te délivrera » (20:22).

3. »Ne porte pas envie aux hommes méchants, et ne désire pas être avec eux; car leur cœur médite la ruine, et leurs lèvres parlent d'iniquité ». (24:1, 2)

4. »Ne fréquente pas l'homme colère, ne va pas avec l'homme violent, de peur que tu ne t'habitue à ses sentiers, et qu'ils ne deviennent un piège pour ton âme ». (22:24, 25)

5. »Si ton ennemi a faim, donne-lui du pain à manger; s'il a soif, donne-lui de l'eau à boire. Car ce sont des charbons ardents que tu amasses sur sa tête, et l'Éternel te récompensera ». (25:21, 22)

Dans leur majeure partie, ces conseils ont comme but de prévenir le mal. Le premier s'adresse à un homme hanté de pensées agressives. De telles pensées viennent parfois au sujet des individus tranquilles, vivant en paix. Les pensées enfantent des paroles et des actes qui leur ressemblent. L'interdiction contenue dans ce proverbe vise à étouffer le mal dans ses langes.

On entend souvent la menace: «Je lui rendrai la pareille ». C'est que les humains ne croient plus à la justice divine. Leur incrédulité les détermine à se rendre justice, ignorant que la colère de l'homme n'accomplit pas la justice de Dieu. (Jacques 1:20) De ce fait, ils auront affaire au juste juge qui nous avertit:« À moi la vengeance, à moi la rétribution ». (Romains 12:17-19)

L'envieux désire les biens, les qualités ou la position sociale d'autrui. Mécontent de son état, il souhaite occuper la place de son prochain. Si la personne qu'on envie mène une vie qui provoque le courroux de l'Éternel, une telle envie tournera au détriment de l'envieux, car, à bref délai, l'envieux aura contracté les mauvaises habitudes de l'objet de son envie.

Fréquenter quelqu'un, c'est se lier d'amitié avec lui. Or, les amis s'accommodent l'un à l'autre. À ce point de vue, il est catastrophique de fréquenter un homme violent.

Le bienfait envers un ennemi paraît incompréhensible à

l'homme naturel. Tout de même, Dieu qui s'apprête à juger l'humanité entière selon ses œuvres, ordonne qu'on aime ses ennemis. Ceux qui y obéissent atteignent la perfection du Père céleste. (Matthieu 5:44-48)

VIII. La voie de la paix et celle de la querelle

La paix est un état de tranquillité, de repos et de calme qui se manifeste au niveau de l'âme; elle est de même un état de calme et de concorde qui se manifeste au niveau des relations interhumaines et au niveau de nos rapports avec Dieu. La paix avec Dieu assure la paix de l'âme et la paix entre les hommes dans leurs relations sociales. La querelle, l'angoisse et la guerre ravagent les communautés qui ne se sont pas réconciliées avec Dieu par la foi dans le sacrifice de Christ. L'apôtre Paul a été un ambassadeur de Dieu, chargé de prêcher la réconciliation avec l'Éternel (2. Corinthiens 5:18-21).

Dans ce qui suit, on va examiner une série de proverbes qui retracent la voie de la paix dans les relations interhumaines.

1. »Une réponse douce calme la fureur, mais une parole dure excite la colère ». (15:1)

2. »Celui qui couvre une faute cherche l'amour, et celui qui la rappelle dans ses discours divise les amis ». (17:9)

3. »C'est une gloire pour l'homme de s'abstenir des querelles, mais tout insensé se livre à l'emportement ». (20; 3)

4. »Si l'orgueil te pousse à des actes de folie, et si tu as des mauvaises pensées, mets la main sur la bouche; car la pression du lait produit de la crème, la pression du nez produit du sang, et la pression de la colère produit des querelles ». (30:32, 33)

5. »Chasse le moqueur, et la querelle prendra fin; les disputes et les outrages cesseront ». (22:10)

Assurément, il n'est pas à la portée de tous de répondre avec des paroles douces à la sortie violente d'un orgueilleux plein de rage. Mais cela est toujours possible pour ceux qui ne se laissent pas contaminer de l'esprit de haine. La tranquillité et le calme de provenance divine leur inspirent des paroles douces. À son tour, la paix intérieure est l'apanage d'un cœur confiant en Dieu (Esaïe 30:15).

Un rôle important revient dans le combat pour la paix à l'oubli intentionnel. Ayant de la condescendance pour tous, le sage reprend avec douceur les malfaiteurs, ne gardant jamais rancune contre qui que ce soit. Dès ce moment-là, il ne se souvient plus des affronts qu'il a subis.

Dans le tumulte des villes, on entend fréquemment des répliques cuisantes. C'est que les gens ne fuient plus les scènes scandaleuses: il s'emportent pour un rien. Dans ce contexte, c'est un titre de gloire que de s'abstenir des querelles.

À comparer trois actions de domaines différents, Agur, fils de Jaké, attire l'attention sur le mécanisme de la querelle, dans l'intention d'en mettre en garde les jeunes gens. Le point de départ, c'est l'orgueil qui pousse à des actes de folie. Puis, il vient de mauvaises pensées. Ce qui s'impose dans cette circonstance, c'est de se taire et de délaisser toute colère.

Les dignitaires, les chefs et les patrons ont la puissance de mettre fin aux disputes et aux outrages, en chassant les moqueurs, après plusieurs avertissements.

Plusieurs aspects de la querelle se retrouvent dans la série suivante.

1. « C'est toujours par orgueil qu'on excite des querelles, mais la sagesse est avec ceux qui écoutent les conseils ». (13:10)

2. « La haine excite des querelles, mais l'amour couvre toute les fautes ». 10:12)

3. « Comme le fer aiguise le fer, ainsi un homme excite la colère d'un homme ». (27:17)

4. « Comme celui qui saisit un chien par les oreilles, ainsi est un passant qui s'irrite par une querelle où il n'a que faire ». (26:17)

5. « Si un homme sage conteste avec l'insensé, il aura beau se

fâcher ou rire, la paix n'aura pas lieu ». (29:9)

6. »La fureur est cruelle et la colère impétueuse, mais qui résistera devant la jalousie ? » (27:4)

On définit l'orgueil comme un état d'âme dû à une opinion avantageuse le plus souvent exagérée, qu'on a de sa valeur personnelle aux dépens de la considération due à l'autre. Par conséquent, l'orgueil constitue un fondement sur lequel le «moi» se permet d'outrager et de maltraiter les autres. L'orgueilleux ne voit que des défauts autour de soi, motif de mépris et de disputes. Si l'on conseille un présomptueux de ne plus chasser aux fautes des autres, il fera semblant de ne pas entendre.

Évidemment, l'orgueil va de pair avec la haine. La haine se dirige de préférence vers les gens simples, sans culture et sans fortune. Il y a aussi une haine sans motif, dont fait mention le Seigneur (Jean 15:25). Une certaine catégorie de gens hait tout ce qui vient de l'Éternel.

Le milieu social couve des animosités, que certains apaisent et d'autres attisent. Selon le Seigneur, ceux qui procurent la paix seront appelés fils de Dieu (Matt. 5:9). Mais ceux qui prennent plaisir à provoquer des dissensions seront jetés dans l'étang de feu (Apocalypse 20:11-15).

On peut saisir un lapin par les oreilles sans aucune conséquence fâcheuse. Mais, en faire de même avec un chien, c'est une bêtise énorme. Celui qui se fourre dans une dispute qui ne le regarde pas, donne preuve d'une bêtise pareille.

Il va sans dire qu'on se délecte à polémiquer contre un sage qui ne s'emporte pas et argue avec respect et intelligence. Mais il en est tout autrement d'un insensé. De quelque façon qu'on l'aborde, il en résultera du trouble.

De tous les états de trouble, la jalousie paraît le plus funeste. Le sage l'envisage comme étant plus dangereux que la colère et la fureur. Le coléreux et le furieux se calment à entendre une parole douce et à voir un présent de prix. Mais rien ne peut arrêter le jaloux dans sa course vers la vengeance (Proverbes 6:34, 35).

Il sied que nous nous entretenions, en fin de ce chapitre, de l'amitié comme le sommet des relations de paix.

1. »Comme dans l'eau le visage répond au visage, ainsi le cœur de l'homme répond au cœur de l'homme ». (27:19)

2. »Les blessures d'un ami prouvent sa fidélité, mais les baisers d'un ennemi sont trompeurs ». (27:6)

3. »Mieux vaut une réprimande ouverte qu'une amitié cachée ». (27:5).

4. »N'abandonne pas ton ami et l'ami de ton père, et n'entre pas dans la maison de ton frère au jour de ta détresse; mieux vaut un voisin proche qu'un frère éloigné ». (27:10)

5. »Celui qui a beaucoup d'amis les a pour son malheur; mais il est tel ami plus attaché qu'un frère ». (18:24)

Le visage que la surface de l'eau reflète est identique à celui qui s'est penché sur l'eau. Ceux qui se répondent sont en communion. Les cœurs qui se répondent l'un à l'autre ne peuvent être que des cœurs destinés à l'amitié mutuelle.

Quelquefois les amis se blessent l'un l'autre en prononçant des vérités désagréables. Qui pourrait dévoiler sans aucun choc nos défauts et nos erreurs sinon un ami ? Procédant à ce dévoilement, il atteste sa fidélité.

L'amitié cachée renvoie à un caractère indécis. Or, l'indécision empêche l'homme de mener à bon port une bonne action:le secours que porte un indécis reste suspendu en l'air. Aussi son amitié ne vaut-elle pas grande chose. Une réprimande ouverte s'avère plus précieux qu'une amitié cachée, du fait qu'elle modèle nos attitudes.

Un ami qui mérite ce nom laisse une image ineffaçable dans notre âme. C'est pourquoi quiconque répudie son ami accomplit une chose gratuite. À abandonner son ami et l'ami de son père, on demeure sans appui et sans conseiller dans ses moments d'épreuve.

Le langage commun désigne du nom d'ami toutes les personnes avec lesquelles on s'amuse. Le grand nombre d'amis, pris dans ce sens, apporte du malheur. Mais le vrai ami est plus attaché qu'un frère.

IX. La voie de la diligence et celle de la paresse

Se définissant comme promptitude dans l'exécution d'un ouvrage, la diligence a une grande importance dans la vie privée des humains. Elle constitue l'un des facteurs qui déterminent le bien- être matériel et le développement spirituel de chacun d'entre nous. La diligence est fonction du tempérament et de l'espoir que l'ouvrage en exécution crée dans l âme de son exécuteur.

Pour ce qui est de la paresse, elle accuse une indolence hors de paire. Le paresseux délaisse son travail en faveur du sommeil et des distractions. Dans sa nonchalance, il néglige même de penser à son propre avenir.

Les versets recueillis par nous à ce sujet ont trait, dans leur immense majorité, à la paresse. Pourtant, on en a trouvé plusieurs qui rendent l'image de l'homme diligent.

1. »Celui qui cultive son champ est rassasié de pain, mais celui qui poursuit des choses vaines est rassasié de pauvreté ». (28:19)

2. »Le paresseux a des désirs qu'il ne peut satisfaire, mais l' âme des hommes diligents sera rassasiée (13:4).

3. »Le paresseux ne rôtit pas son gibier; mais le précieux trésor de l'homme, c'est l'activité ». (12:27)

4. »La main des diligents dominera, mais la main lâche sera tributaire ». (12:24)

5. »Si tu vois un homme habile dans son ouvrage, il se tient auprès des rois; il ne se tient pas auprès des gens obscurs ». (22:29)

À l'opposé du paresseux, qui poursuit le vent, le diligent vaque aux choses qui lui rapportent. Cultivant son champ, il échappe à la disette, héritage des fainéants.

Hors du manger et du boire, l'homme convoite une maison confortable, des vêtements à la mode, une voiture neuve etc. Ce sont les désirs de l'âme que le paresseux ne peut assouvir, tandis que le diligent ne manque de rien.

La paresse fait perdre au paresseux ses biens. Par contre, le diligent amasse en travaillant un véritable trésor.

Le trésor amassé par diligence assure à son possesseur de la puissance économique, ce qui facilite son accès aux dignités sociales. Voilà comment la main diligente domine sur la main lâche.

La pratique d'un métier quelconque procure de l'habileté à l'ouvrier assidu. À monter tous les degrés de la perfection, l'homme habile obtient un renom. Pour cela, il mérite l'estime due aux rois.

Au sujet de la paresse, on s'est arrêté sur les unités suivantes.

1. »Un peu de sommeil, un peu d'assoupissement, un peu croiser les mains pour dormir! Et la pauvreté te surprendra comme un rôdeur, et la disette, comme un homme en armes ». (6:10, 11).

2. »La porte tourne sur ses gonds, et le paresseux sur son lit ». (26:14)

3. « À cause du froid le paresseux ne laboure pas; à la moisson, il voudrait récolter, mais il n'a rien ». (20:4).

4. « Le paresseux dit: Il y a un lion dehors! je serai tué dans les rues ». (22:13).

5. « Le paresseux plonge sa main dans le plat, et il trouve pénible de la ramener à sa bouche ». (26:15)

6. « Celui qui se relâche dans son travail est frère de celui qui détruit ». (18:9)

7. « Ce que le vinaigre est aux dents et la fumée aux yeux, tel est le paresseux pour celui qui l'envoie ». (10:26)

Peu à peu, l'esprit de sommeil s'assujettit le paresseux, de sorte que celui-ci ne se rend même pas compte de la diminution considérable de ses ressources matérielles. Aussi la pauvreté le prend-elle au dépourvu, comme le ferait un brigand. La surprise qui s'ensuit est des pires.

Ici, le paresseux est comparé à une porte tournant sur ses gonds. La porte est un objet que l'homme ouvre et ferme à son gré. De même, le paresseux est un objet à la disposition de l'esprit de paresse. Quand il se réveille le matin, il se recouche sur l'autre flanc et continue de dormir.

Cependant, le paresseux motive rationnellement ses attitudes, autrement il aurait honte de son inactivité. Au printemps, où tout le monde laboure la terre, il se défend en invoquant les intempéries. En fin d'été, où les agriculteurs font la moisson, le flemmard en est quitte avec son grenier vide.

Plus d'une fois, le fainéant allègue des motifs tout à fait déraisonnables. Il ne va pas à sa besogne par peur d'être dévoré d'un lion.

Il est à noter qu'une certaine catégorie de paresseux s'engage à travailler, mais ils ne réussissent point à parfaire leur travail. C'est ce que symbolise l'image de l'individu qui plonge sa main dans le plat sans la ramener à sa bouche.

L'apôtre Jacques nous a légué une sentence précieuse concernant le péché par omission : « celui qui sait faire ce qui est bien, et ne le fait pas, commet un péché » (Jacques 4:17). Pensant sur la même onde, on peut soutenir que le paresseux est coupable d'avoir détruit les valeurs qu'il aurait pu créer.

C'est un vrai désastre que d'avoir un paresseux pour serviteur. Le vinaigre lèse les dents, la fumée endommage les yeux, le paresseux fait une brèche à la fortune de son maître.

X. La voie de la richesse et celle de la pauvreté

L'attirance générale de la richesse s'explique par cela que les biens amassés permettent l'assouvissement de tous les désirs de la chair. De plus, les riches s'enorgueillissent de posséder des objets rares qui ne sont pas à la portée de tout le monde.

La Bible illustre la richesse par la parabole de l'homme dont les terres avaient beaucoup rapporté (Luc 12:16-21). Béni d'une récolte abondante, cet homme s'est écrié:« Mon âme, tu as beaucoup de biens en réserve pour plusieurs années; repose-toi; mange, bois et te réjouis ». Celui qui est riche a de quoi vivre plusieurs années sans aucun ravitaillement. Qui plus est, il s'habille toutes ces années de pourpre et de fin lin, et il n'interrompt pas la chaîne de ses festins (cf. Luc 16:19). Celui dont le salaire permet à peine de vivre d'un mois à l'autre ne peut être compté parmi les riches.

Quant aux pauvres, ce sont des gens démunis de ressources matérielles. L'état des pauvres a été le mieux rendu par l'exemple de la veuve de Sarepta, qui se plaignait ainsi:« Je n'ai qu'une poignée de farine dans un pot et un peu d'huile dans une cruche » (1 Rois 17:12). Un autre pauvre du nom de Lazare, couvert d'ulcères, désirait se rassasier des miettes qui tombait de la table du riche (Luc 16:20, 21).

La série suivante de proverbes a comme sujet la richesse et les riches.

1. »La richesse est une couronne pour les sages, la folie des insensés est toujours de la folie ». (14:24)

2. « C'est la bénédiction de l'Éternel qui enrichit, et il ne la fait suivre d'aucun chagrin ». (10:22)

3. « La richesse mal acquise diminue, mais celui qui amasse peu à peu l'augmente ». (13:11)

4. »La fortune est pour le riche une ville forte, la ruine des misérables, c'est la pauvreté ». (10:15)

5. »Celui qui se confie dans les richesses tombera, mais les justes verdiront comme le feuillage ». (11:28)

6. »Au jour de la colère, la richesse ne sert de rien; mais la justice délivre de la mort ». (11:4)

7. »Le riche domine sur les pauvres, et celui qui emprunte est esclave de celui qui prête ». (22:7)

8. »Celui qui est rassasié foule aux pieds le rayon de miel, mais celui qui a faim trouve doux tout ce qui est amer ». (27:7)

9. »L'homme riche se croit sage, mais le pauvre qui est intelligent le sonde ». (28:11)

À l'époque des patriarches, la richesse était un signe distinctif des hommes pieux. Séjournant à Québar, Isaac a été reconnu pour élu de Dieu, du seul fait qu'il avait recueilli le centuple de ses semences. (Genèse 26:12, 13, 28) La récolte qu'Isaac a obtenue lui constituait comme un nimbe.

Dieu donne la pluie, le beau temps et fait croître les plantes. C'est la bénédiction des cieux que Dieu répand sur son peuple. Il menace les insectes qui dévorent et détruisent les fruits de la terre. De ce point de vue, la richesse ne se doit uniquement pas à l'assiduité du paysan.

Objectif dans tout ce qu'il avance, le sage ne passe point sous silence l'existence des richesses acquises par des manœuvres frauduleuses. Une telle richesse s'obtient subitement ou dans un court délai, tandis que la richesse honnêtement acquise s'amasse peu à peu. Dieu souffle la richesse mal acquise, mais il protège les revenus des gens honnêtes.

L'homme naturel, qui fait abstraction de Dieu, s'abrite derrière son amas d'argent et se croit en sécurité. Sa confiance en argent l'empêche de prendre pour citadelle le Tout-Puissant.

Dieu fait tomber ceux qui se confient dans leurs richesses, car ceux qui vouent un culte à l'argent s'appellent idolâtres. (Colossiens 3:5) L'Éternel hait l'idolâtrie.

La colère divine se manifeste de temps en temps à l'égard des pécheurs impénitents. À l'instant où Dieu châtie, la richesse ne peut protéger personne.

Le peu de revenu contraint certaines familles à emprunter de l'argent. Bon gré, mal gré, elles se soumettent à l'autorité de leurs bienfaiteurs. Si c'est le cas d'une famille pauvre, l'autorité du prêteur deviendra d'autant plus pesante.

Les riches affectent souvent de repousser certains mets exquis. Ils se le permettent en raison de leur satiété constante. Par contre, le pauvre ne fait pas de chichis.

L'abondance de biens amène le riche à une haute conception de soi. Ses succès, pense-t-il, plaident en faveur de ses capacités intellectuelles. Mais un pauvre sagace met à nu ses desseins les plus intimes.

Entamons à présent une série d'unités se rapportant à la pauvreté.

1. »Celui qui agit d'une main lâche s'appauvrit, mais la main des diligents enrichit ». (10:4)

2. »La pauvreté et la honte sont le partage de celui qui rejette la correction; mais celui qui a égard à la réprimande est honoré ». (13:18).

3. »Mieux vaut un morceau de pain avec la paix, qu'une maison pleine de viandes, avec des querelles ». (17:1)

4. »Mieux vaut être d'une condition humble et avoir un serviteur, que de faire le glorieux et de manquer de pain ». (12:9)

5. »On ne tient pas pour innocent le voleur qui dérobe, pour satisfaire son appétit, quand il a faim; si on le trouve, il fera une restitution au septuple, il donnera tout ce qu'il a dans sa maison ». (6:30, 31).

6. »Celui qui se moque du pauvre outrage celui qui l'a fait; celui qui se réjouit d'un malheur ne restera pas impuni ». (17:5)

À côté les malédictions divines, les mains lâches sont à l'origine de la pauvreté, tandis que les mains industrieuses, soutenues par les bénédictions célestes, donnent naissance à l'aisance.

La pauvreté échoit en partage à celui qui a en abomination la correction et la réprimande, instruments d'éducation parentale. Mais, celui qui accepte la réprimande échappe à la honte de vivre en misère.

Le riche se rembourre à manger des viandes tous les jours de la semaine. Par malheur, les querelles ombragent ses festins. Comme la paix prévaut contre la querelle, le pauvre mangeant un morceau de pain sec dans une atmosphère paisible se sent plus heureux que le riche faisant bonne chère, mais vivant en agitation continuelle.

Les pauvres, étant eux aussi hommes, préfèrent parfois le paraître à l'être. Il est bien possible qu'un homme de condition modeste joue le nabab. Ce jeu constitue un piège où les naïfs tombent.

Le vol reste une fraude même si son mobile était l'inanition. Le voleur pris sur le fait supportera les rigueurs de la loi.

Les moqueurs d'un état aisé préfèrent prendre en butte les indigents. Railler quelqu'un pour un malheur ou pour un échec est particulièrement périlleux, car Dieu se venge d'un tel railleur.

XI. La voie de la vie conjugale: femme vertueuse, femme adultère

Dieu a créé l'homme à son image, selon sa ressemblance. La femme a été créée à l'image de l'homme pour lui être un aide parfait. (Genèse 1:26, 27; 2:7, 21, 22) En les bénissant, Dieu leur a dit:«Soyez féconds, multipliez, remplissez la terre, et l'assujettissez » (Genèse 1:28). Ainsi donc, Dieu établit la famille afin d'assurer le cadre nécessaire à la multiplication du genre humain. L'institution de la famille sert aussi à l'éducation et à l'instruction des enfants.

Il est à remarquer que l'époux et l'épouse ne forment devant Dieu qu'une seule chair (Genèse 2:24). L'apôtre Paul prescrit aux maris d'aimer leurs femmes comme leurs propres corps. Celui qui aime sa femme s'aime lui-même (Ephésiens 5:28) Pour ce qui est des femmes, elles doivent se soumettre à leurs maris, car le mari est le chef de la femme (Ephésiens 5:22; 1Corinthiens 11:3).

Dans ce chapitre, on se propose d'aborder la vie matrimoniale, le portrait de la femme vertueuse, le profil de la femme adultère. Voilà la première série d'unités qu'on examine ci-dessous.

1. »Celui qui trouve une femme trouve le bonheur; c'est une

grâce qu'il obtient de l'Éternel ». (18:22)

2. »On peut hériter des ses pères une maison et des richesses, mais une femme intelligente est un don de l'Éternel ». (19:14)

3. »Une femme qui a de la grâce obtient la gloire, et ceux qui ont de la force obtiennent la richesse ». (11:16)

4. »Un anneau d'or au nez d'un pourceau, c'est une femme belle et dépourvue de sens ». (11:22)

5. »La femme sage bâtit sa maison, et la femme insensée la renverse de sa propre main ». (14:1)

6. »Une gouttière continue dans un jour de pluie, et une femme querelleuse sont choses semblables ». (27:15)

7. »Mieux vaut habiter dans une terre déserte, qu'avec une femme querelleuse et irritable ». (21:19)

8. »Bois les eaux de ta citerne, les eaux qui sortent de ton puits. Tes sources doivent-elles se répandre en dehors ? Tes ruisseaux doivent-ils couler sur les places publiques ? Qu'ils soient pour toi seul, et non pour des étrangers avec toi. Que ta source soit bénie, et fais ta joie de la femme de ta jeunesse, biche des amours, gazelle pleine de grâce. Sois en tout temps enivré de ses charmes, sans cesse épris de son amour ». (5:18, 19)

9. »Quelqu'un mettra-t-il du feu dans son sein, sans que ses vêtements s'enflamment ? Quelqu'un marchera-t-il sur des charbons ardents, sans que ses pieds soient brûlés ? Il en est de même pour celui qui va vers la femme de son prochain; quiconque la touche ne restera pas impuni ». (6:27-29)

La femme est une créature de Dieu, ayant la vie et le mouvement dans son Créateur. Dieu l'a créée afin qu'elle fasse le bonheur de l'homme. Celui qui trouve une femme doit des actions de grâce à l'Eternel.

Le bonheur pur se retrouve auprès d'une femme intelligente. Tous les hommes ont la possibilité de se marier, mais tous n'ont pas la chance d'épouser des jeunes filles intelligentes. C'est Dieu qui en réserve une à qui il veut.

À l'âge de la jeunesse, la beauté et la force sont les articles le plus recherchés. Toutes les portes s'ouvrent à une jeune fille charmante. La richesse et le renom sont à la portée d'un jeune homme vigoureux. Mais la monnaie de la beauté et de la force physique d'en bas n'a pas de cours au Royaume des Cieux.

L'or éveille toujours le désir de l'homme par sa valeur pérenne. Le pourceau repousse par sa saleté. Une belle femme dépourvue de sens produit un double effet, celui de l'or et celui du cochon.

Une femme bâtit sa maison lorsqu'elle maintient et approfondit ses relations d'amitié avec son mari. Elle renverse sa maison lorsqu'elle afflige son mari de paroles amères, lui montrant du mépris et de la haine. Une femme insensée s'achemine inéluctablement vers le divorce.

La monotonie de la gouttière continue dans un jour de pluie devient à un moment donné insupportable. Il en est de même d'une femme qui s'attaque incessamment à son mari.

En tant que vase, la femme est plus faible que l'homme (1. Pierre 3:7). Elle s'irrite à l'improviste pour quoi que ce soit. Si le mari ne sait pas l'apaiser, le désert sera préférable à leur maison familiale.

Adam donna à sa femme le nom d'Ève, car elle allait être la mère de tous les vivants (Genèse 3:20). Ève signifie « vie ». Le symbole de la vie terrestre, c'est l'eau potable. En conséquence, l'image de l'homme qui boit de l'eau de sa citerne renvoie à l'image du mari qui a la jouissance de sa femme. Le sage exhorte chaque mari à jouir de sa femme, de peur que les eaux de sa source ne soient gaspillées ni détournées.

Le mari qui ne se conforme pas au conseil ci-dessus donne dans le piège tendu par une étrangère. En allant vers la femme d'autrui, il se souille d'un péché et s'expose à la vengeance d'un mari jaloux. C'est ce que les vêtements enflammés et les charbons ardents symbolisent.

Le portrait de la femme vertueuse se retrouve dans le chapitre 31, dont on reproduit plusieurs passages.

1. »Qui peut trouver une femme vertueuse ? Elle a bien plus de valeur que les perles. Le cœur de son mari a confiance en elle, et les produits ne lui feront pas défaut. Elle lui fait du bien, et non de mal, tous les jours de sa vie ». (10-12).

2. »Elle se procure de la laine et du lin, et elle travaille d'une main joyeuse. Elle est comme un navire marchand, elle amène son pain de loin. Elle se lève lorsqu'il est encore nuit; et elle donne la nourriture à sa maison, et la tâche à ses servantes ». (13-15)

3. »Elle fait des chemises et les vend, et elle livre des ceintures au marchand. Elle est revêtue de force et de gloire, et elle se rit de l'avenir. Elle ouvre la bouche avec sagesse et des instructions aimables sont sur sa langue ». (24-26).

4. »La grâce est trompeuse et la beauté est vaine. La femme qui craint l'Éternel est celle qui sera louée. Récompensez-la du fruit de son travail, et qu'aux portes ses œuvres la louent ». (30, 31)

Certes, la valeur de l'homme dépasse celle des objets inanimés. À plus forte raison, la femme vertueuse brille plus que les perles. Elle vaut par sa fidélité envers son mari, elle vaut aussi par son orientation vers le bien.

Dans un monde assoiffé de plaisirs sensuels, une femme passionnée pour le travail fait figure bien étrange. Elle se procure à temps la matière première et, se levant à l'aube, se met à travailler de sa propre main. Loin d'être oiseuse, elle distribue la nourriture à tous et assigne à chaque servante la tâche du jour.

C'est l'œuvre qui glorifie l'ouvrier. La femme laborieuse se glorifie des chemises et des ceintures qu'elle fabrique et écoule. Le montant de la recette la dispense des angoisses du lendemain. Son expérience la rend capable d'instruire les jeunes générations.

Le monde s'incline à louer la grâce et la beauté, car il prend en compte ce qui frappe l'œil. Mais, la vraie louange est celui qui a comme objet l'assiduité et la crainte de l'Eternel, mises en évidence par nos attitudes. Voilà pourquoi ceux qui cherchent exclusivement des fiancées gracieuses et belles se trompent souvent.

Le profil de la femme adultère compte parmi les images les plus bouleversantes du recueil des proverbes.

1. »L'intelligence te gardera (2:11)... Pour te délivrer de la femme étrangère, de l'étrangère qui emploie des paroles doucereuses, qui abandonne l'ami de sa jeunesse, et qui oublie l'alliance de son Dieu ». (2:16, 17)

2. »Car les lèvres de l'étrangère distillent le miel; et son palais est plus doux que l'huile. Mais à la fin elle est amère comme l'absinthe, aiguë comme un glaive à deux tranchants ». (5:3, 4)

3. »Tantôt dans la rue, tantôt sur les places, et près de tous les angles, elle était aux aguets. Elle le saisit et l'embrassa, et d'un air effronté lui dit: Je devais un sacrifice d'actions de grâce, aujourd'hui j'ai accompli mes vœux ». (7:12-14)

4. »Viens, enivrons-nous d'amour jusqu'au matin, livrons-nous joyeusement à la volupté ». (7:18)

5. »Telle est la femme adultère; elle mange, et elle s'essuie la bouche, puis elle dit: Je n'ai point fait de mal ». (30:20)

À l'opposé de la femme vertueuse, qui se distingue par sa fidélité conjugale, la femme adultère abandonne l'ami de sa jeunesse. Qui plus est, elle oublie l'alliance de son Dieu. Esclave de ses propres convoitises, elle emploie des paroles mielleuses pour atteindre son but. L'homme sagace, qui se rend compte à qui il a affaire, échappe au piège tendu par une frivole.

Le miel constitue une embûche pour les mouches. Les paroles mielleuses captivent les sots.

Le miel que les lèvres de l'étrangère distillent capture les malavisés. Mais ce qu'on enregistre comme doux paraît finalement d'un amer désolant.

Dans le chapitre 7, on assiste à une scène de pêche, jouée par une femme légère. Elle sort au crépuscule pour profiter des ombres de la nuit. Ayant la mise d'une prostituée, elle jette ses filets sur un jeune flâneur. Elle le saisit el l'embrasse, prétextant des veux qu'elle a accomplis.

Après ce geste effronté, elle l'invite à son domicile pour y passer une nuit pleine de volupté. Mais elle ne l'avertit point des conséquences mauvaises qui vont s'ensuivre. Le jeune homme la suit comme un bœuf qui va à la boucherie.

La femme qui se prostitue se forge une idéologie à elle, où la honte envers les hommes et la crainte de l'Éternel n'ont aucune place. Dans sa conception, la prostitution est considérée comme une nécessité vitale. Elle ne voit aucun mal à coucher avec des inconnus. L'acte sexuel équivaut pour elle à un repas qu'on prend et après quoi on peut s'essuyer la bouche.

XII. La voie de l'éducation

La sagesse ayant comme source la crainte de l'Éternel s'acquiert par une longue expérience. Ainsi donc, la sagesse s'accroît au long des années. Ce qui contribue à sa croissance, ce sont l'instruction et l'expérience quotidienne. Les instructions que le sage transmet viennent de son expérience, de sorte que le recueil dont on s'occupe mérite le surnom de « Livre de l'Expérience ». Cependant une vie entière ne suffirait guère pour acquérir individuellement cette expérience.

Par un langage imagé, le père sage indique à son fils le chemin de la vie. Par son enseignement, il lui inculque les attitudes à prendre dans les différentes circonstances qu'on traverse. De cette façon, le fils entre dans la possession d'une expérience nommée indirecte, qu'on doit se rappeler dans la pratique de la vie. Toutes fois que le fils s'égare, le père le réprimande et lui fournit de nouvelles instructions. Ce qui l'aide le jeune garçon à se conformer aux instructions paternelles, ce sont sa mémoire et son humilité.

La première série de proverbes envisage la raison d'être de l'éducation, ses moyens et les conditions qui la favorisent.

1. »Instruis l'enfant selon sa voie qu'il doit suivre, et quand il sera vieux, il ne s'en détournera pas ». (22:6)

2. »Les paroles de la bouche d'un homme sont des eaux profondes; la source de la sagesse est un torrent qui jaillit ». (18:4)

3. »Car le précepte est une lampe, et l'enseignement une lumière. Et les avertissements de la correction sont le chemin de la vie ». (6:23).

4. »Préfère mes instructions à l'argent, et la science à l'or le plus précieux ». (8:10)

5. »L'enfant laisse voir par ses actions si sa conduite sera pure et droite ». (20:11)

6. »Celui qui se souvient de la correction prend le chemin de la vie, mais celui qui oublie la réprimande s'égare ». (10:17)

Les instructions que l'enfant reçoit sont tout autant de signaux qui attirent l'attention sur les dangers à éviter, indiquant toutefois le chemin à suivre. Une fois ces instructions retenues, elles marqueront les démarches du disciple toute sa vie.

Les ondes de la sagesse que le maître dirige vers son disciple se concrétisent en torrents de paroles où le disciple puise ce que son intelligence lui permet.

Il est hors de doute que les préceptes moraux éclairent le chemin droit, ce qui nous garantit de tout égarement. La correction préserve l'esprit humain de l'assoupissement. Celui qui a toujours l'esprit en éveil échappe aux fautes qui plongent dans la mort.

Les instructions morales ennuient souvent l'enfant plein d'énergie. Afin de remédier à cet ennui, le père accentue sur la valeur incalculables de ses préceptes: ils sont plus précieux que l'or.

Le sage est à même de présager sur la carrière de son élève. S'il est obéissant et humble, sa conduite sera pure et droite.

On accorde à la mémoire un rôle prioritaire dans l'économie des capacités et penchants psychiques. La bonne mémoire conditionne même l'obéissance, première des attitudes positives d'un disciple de grand avenir. Grâce à son mémoire, il se souvient des réprimandes et des corrections reçues, ce qui le préserve de l'égarement.

Dans ce qui suit, on s'occupera des versets portant sur la correction qu'on applique à l'enfant.

1. »Celui qui ménage sa verge hait son fils, mais celui qui l'aime cherche à le corriger ». (13:24)

2. »Châtie ton fils, car il y a encore de l'espérance. Mais ne désire point le faire mourir ». (19:18)

3. »La folie est attachée au cœur de l'enfant; la verge de la correction l'éloignera de lui ». (22:15)

4. »La verge et la correction donnent la sagesse, mais l'enfant livré à lui-même fait honte à sa mère ». (29:15)

5. »Châtie ton fils, et il te donnera du repos, et il procurera des délices à ton âme ». (29:17)

6. »N'épargne pas la correction à l'enfant; si tu le frappes de la verge, il ne mourra point. En le frappant de la verge, tu délivres son âme du séjour de la mort ». (23:13; 14)

7. »Celui que la colère emporte doit en subir la peine, car si tu le libères, tu devras y revenir ». (19:19)

8. »L'œil qui se moque d'un père et qui dédaigne l'obéissance envers une mère, les corbeaux du torrent le perceront, et les petits de l'aigle le mangeront ». (30:17)

9. »Si quelqu'un maudit son père et sa mère, sa lampe s'éteindra au milieu des ténèbres ». (20:20)

La sagesse d'en Haut cherche à faire du bien à tous. Laisser quelqu'un errer dans ce monde, c'est un péché d'omission contre lui. Le père qui néglige de corriger la conduite de sa progéniture donne preuve de haine contre lui. L'amour ne laisse personne s'enfoncer dans la boue.

Le châtiment nourrit l'espérance du père vis-à-vis de son fils. Mais, il ne faut pas s'adonner à des excès. Le châtiment porté à l'excès peut causer la mort de l'enfant.

La conduite irresponsable porte le nom de folie. Elle accuse l'ingérence d'une certaine espèce d'esprit malin dans la vie intérieure de l'enfant. Mais, quand l'enfant s'oppose aux suggestions des démons, ceux-ci se retirent. La verge, appliquée avec aplomb et instruction, détermine l'enfant à s'opposer aux suggestions ténébreuses.

Celui qui résiste aux suggestions nuisibles se trouve déjà dans la voie de la sagesse. Cette sagesse naissante, on l'attribue à la correction. L'enfant qui n'en profite point fera honte à sa mère qui l'a gâté.

Certains parents n'ont pas de repos à cause des gosses qui mettent la maison en désordre. Par contre, d'autres vivent en harmonie avec leurs mômes. Ce contraste s'explique par l'usage ou bien par le rejet de la verge.

Par malheur, les nouvelles approches éducationnelles ont banni la verge des maisons et des écoles. C'est que plusieurs éducateurs en abusaient. La correction est semblable à un médicament qu'on dose scientifiquement, sinon, c'est le malheur. Sans aucune exagération, la verge constitue une bouée de sauvetage pour ceux qui se noient dans l'océan du péché. On a vu ci-dessus que la verge aide l'enfant à se délivrer des liens des ténèbres. La verge de Dieu qui a frappé Jésus a ouvert la voie de la foi salvatrice. Quiconque croit au sacrifice et à la résurrection du Fils ne sera pas jeté dans l'étang de feu. (Jean 3:16)

Parmi les gosses on rencontre des coléreux sans pareil. Ces types doivent être punis aux moments où ils s'emportent. Autrement leur état ira en s'empirant.

La négligence éducative porte des fruits amers. Devenu adulte, l'enfant gâté tourne en ridicule son père et injurie sa mère. Dieu veut qu'un fils dénaturé devienne la pâture des oiseaux rapaces.

Celui qui maudit ceux dont il a hérité la vie est déjà arrivé au paroxysme de la haine, il connaît déjà les profondeurs de Satan. La justice divine lui réserve une mort subite et sans recours.

Il est temps qu'on s'attarde sur les unités qui traitent de l'éducation que les sages accordent aux adultes.

1. »Comme un anneau d'or et une parure d'or fin, ainsi pour une oreille docile est le sage qui réprimande ». (25:12)

2. »Celui qui reprend les autres trouve ensuite plus de faveur que celui dont la langue est flatteuse ». (28:23)

3. »Une réprimande fait plus d'impression sur l'homme intelligent que cent coups sur un insensé ». (17:10)

4. »Celui qui reprend le moqueur s'attire le dédain, et celui qui corrige le méchant reçoit un outrage. Ne reprends pas le moqueur de crainte qu'il ne te haïsse. Reprends le sage, et il t'aimera ». (9:7, 8)

5. »Quand on châtie le moqueur, le sot devient sage; et quand on instruit le sage, il accueille la science ». (21:11)

6. »Celui qui aime la correction aime la science; celui qui hait la réprimande est stupide ». (12:1)

Bien que le sage se rende compte des limites de cette existence terrestre, il tend toujours à la perfection céleste (cf. Matthieu 5:48). Comme les remontrances l'aident à monter les échelons de la perfection, il ne s'en scandalise point, mais il les reçoit en parures d'or pur.

L'orgueil naturel de l'homme s'attend à la flatterie. En raison de cette attente, les flatteurs pullulent dans notre société. Les personnes habituées à être encensées perdent le sens du péril et commettent des gaffes, dont il leur en cuira. La réprimande, mettant en garde l'âme, prévient le malheur. Ainsi donc, les événement plaident en faveur du réprimandeur.

La réprimande met en lumière la faute et indique un chemin à suivre. L'intelligent comprend sa faute et prend une décision adéquate. L'insensé ne parviendrait pas à se reconnaître fautif, même si on lui administrait cent coups.

Plein de soi, le moqueur aime à railler. À tout reproche, il répond avec mépris. Par conséquent, il en résultera un outrage du correctif que le sage lui applique. Le moqueur est un élève récalcitrant.

Il y a un seul cas où le châtiment infligé au moqueur produise du bon résultat. Le sot qui assiste à ce châtiment en tire une bonne leçon pour lui-même. Le sot est un homme étranger à la connaissance des pensées de Dieu.

    Le sage réprimandant transmet sa science à son interlocuteur. Ceux qui aiment la science prennent plaisir à la remontrance. Mais le stupide, n'ayant pas le goût de l'effort intellectuel, méprise la réprimande. Achevons ce chapitre par le constat que la réprimande faite avec douceur est en honneur dans l'Église de Christ (2. Timothée 2:24-26; 4:2). La réprimande empêche que les coutumes de ce monde et les hérésies envahissent nos assemblées.

XIII. La voie de la communication: témoignage véridique, témoignage trompeur

    L'usage de la parole appartient exclusivement à l'homme, couronne de la création. Les autres créatures en sont privées, n'étant pas bâties à l'image de Dieu.

    Châtiant l'orgueil de Nebucadnetsar, roi de Babylone, l'Éternel lui ôta la raison et l'usage de la parole pour une période de sept années. (Daniel 4:28-38) Grâce à l'esprit que Dieu forma au-dedans de l'homme, les humains pensent et parlent à la ressemblance de l'Éternel. Mais le Tout-Puissant se réserve le droit de remplacer l'esprit d'homme par un esprit de bête, ce qui se passa dans le cas de Nebucadnetsar. Tous ceux qui ont la capacité de parler doivent en rendre grâce au Seigneur.

    Quoique nous parlions, nos pensées et nos paroles sont loin des pensées et des paroles de Dieu. (cf. Esaïe 55:8) Il ne s'agit seulement pas du fait que les pensées de Dieu sont plus profondes et plus vastes. Les pensées divines sont justes et pures, tandis que les pensées humaines sont errantes et souillées. C'est que l'esprit humain créé par l'Éternel a été contaminé par Satan, qui a dupé l'homme dans le jardin d'Eden. Satan aveugle de nos jours même l'intelligence des descendants d'Adam, afin qu'ils ne voient pas briller la splendeur de l'Évangile (cf. 2 Corinthiens 4:3, 4). Le voile qui couvre les Saintes Écritures disparaît en faveur de ceux qui sont en Christ (2 Cor. 3:14).

La première série d'unités parémiologiques a trait à la conversation.

1. »On éprouve de la joie à donner une réponse de sa bouche; et combien est agréable une parole dite à propos ». (15:23)

2. »Comme des pommes d'or sur des ciselures d'argent, ainsi est une parole dite à propos ». (25:11)

3. »Le cœur du juste médite pour répondre, mais la bouche du méchant répond des méchancetés ». (15:28)

4. »Les pensées mauvaises sont en horreur à l'Éternel, mais les paroles agréables sont pures à ses yeux ». (15:26)

5. »Les paroles agréables sont un rayon de miel, douces pour l'âme et salutaires pour le corps ». (16:24)

6. »Celui qui répond avant d'avoir écouté fait un acte de folie et s'attire la confusion ». (18:13)

7. »Ne réponds pas à l'insensé selon sa folie, de peur que tu ne lui ressembles. Réponds à l'insensé selon sa folie, afin qu'il ne se regarde pas comme sage ». (26:4, 5)

8. »C'est du fruit de sa bouche que l'homme rassasie son corps; c'est du produit de ses lèvres qu'il se rassasie ». (18:20)

Les besoins langagiers étant innés, leur satisfaction produit un plaisir à part. Notre joie est à son comble lorsque nous prononçons le mot juste au moment convenable.

La parole n'est seulement pas destinée à être utile. Elle possède aussi des vertus esthétiques. Un discours bien tourné produit le même effet que des pommes d'or sur des ciselures d'argent.

Les mots creux et égoïstes viennent automatiquement, on se surprend de parler des verts et des pas mûrs. Méditant sur ce qui plaît à Dieu, le juste recherche des propos convenables même dans une causerie amicale. Le méchant, qui fait abstraction de Dieu, parle à tort et à travers.

Dieu étant amour, il inspire des paroles d'amour (cf. 1 Jean 4:8). Des pensées de mépris et de haine se transforment en paroles de même espèce. Ce sont des pensées mauvaises que Dieu a en horreur.

Les paroles de consolation et d'encouragement exercent une influence bénéfique sur l'âme et le corps de l'auditeur, influence comparable à celle du goût du miel dans le palais de la bouche du consommateur.

Tous les yeux sont fixés sur le parleur, motif qu'on fasse les frais de la conversation. Pour se maintenir en position de meneur de jeu, certains coupent souvent le mot à leurs interlocuteurs. Dans cet esprit, plusieurs répondent avant d'avoir écouté le raisonnement entier et se trompent dans ce qu'ils avancent, s'attirant la confusion.

Un insensé se glorifie de pouvoir accabler son compagnon d'expressions vulgaires, voire obscènes. Le sage déconseille qu'on ait recours au même vocabulaire en vue d'une réplique donnée à l'insensé. Il faut répondre à l'insensé d'une manière polie afin qu'il se rende compte de son impolitesse et qu'il en ait honte. De même, il faut lui démontrer la fausseté de ses raisonnements et de ses attitudes.

L'esprit, l'âme et le corps forme une seule unité dans l'homme (1. Thessaloniciens 5:23). Ce qui nourrit l'esprit et l'âme influe aussi sur le corps. Jésus a tenu à souligner que l'homme ne vit pas de pain seulement, mais de toute parole qui sort de la bouche de Dieu (Matthieu 4:4). Si la parole de Dieu est un aliment nourrissant l'âme, la parole de Satan est un stupéfiant sapant l'âme. Toute parole qu'on prononce fait son effet autant sur le parleur que sur l'écouteur. Les paroles de la nature du pain édifient, les paroles de la nature des stupéfiants détruisent. Les uns se rassasient et rassasient leurs confrères de pain, les autres se rassasient et rassasient leur entourage de stupéfiants.

Jetons maintenant un coup d'œil sur quelques proverbes qui traitent de la nature du témoignage qu'on rend au monde.

1. »Ce qui plaît aux yeux réjouit le cœur, une bonne nouvelle fortifie les membres ». (15:30)

2. »Comme de l'eau fraîche pour une personne fatiguée, ainsi est une bonne nouvelle venant d'une terre lointaine ». (25:25)

3. »Comme la fraîcheur de la neige au temps de la moisson, ainsi est un messager fidèle pour celui qui l'envoie; il restaure l'âme de son maître ». (25:13)

4. »Le témoin véridique délivre des âmes, mais le trompeur dit des mensonges ». (14:25)

5. »Le faux témoin ne restera pas impuni, et celui qui dit des mensonges périra ». (19:9)

6. »Il se coupe les pieds, il boit l'injustice, celui qui donne des messages à un insensé ». (26:6)

7. »La mort et la vie sont au pouvoir de la langue; quiconque l'aime en mangera les fruits ». (18:21)

Le monde va de mal en pis. Plus l'humanité s'éloigne de Dieu, plus elle s'approche de Satan, qui ne l'épargne point. Les média rendent compte journellement d'homicides, de fraudes, de bouleversements sociaux, de maladies incurables. Dans ce contexte, une bonne nouvelle fait figure de rareté. Bien sûr, il y a aussi des aspects positifs, mais peu préfèrent en faire montre. Il faut savoir que la bonne nouvelle fortifie l'organisme, le remplissant d'espérance.

Une personne fatiguée reprend sa force en buvant de l'eau. Après une bataille gagnée contre les Philistins, Samson demanda de l'eau à l'Éternel, par crainte de mourir assoiffé (Juges 15:14-20). « Dieu fendit la cavité du rocher qui est à Léchi, et il en sortit de l'eau. Samson but et son esprit se ranima et il reprit vie ». Une bonne nouvelle peut avoir le même effet sur l'esprit que l'eau qui étanche la soif d'un moribond.

Le messager fidèle s'acquitte de sa commission à n'importe quel prix. De son retour, il rapporte l'aboutissement de sa mission, ce qui rafraîchit l'âme échauffée de son envoyeur comme l'eau restaure une personne fatiguée.

Devant l'instance, la déposition des témoins compte énormément. Par sa déposition, le témoin véridique délivre l'âme innocente, tandis que le témoin trompeur la compromet par son mensonge.

La Loi de Moïse exige que le faux témoin soit soumis au même supplice qu'il désirait pour la personne calomniée par lui. Ce sera sa punition pour avoir menti contre une âme innocente.

Le message qu'on confie à un insensé est d'avance perdu, soit qu'il n'arrive jamais à destination, soit qu'il y arrive déformé. Il en résultera un grand inconvénient, et pour l'envoyeur et pour le destinataire.

Dans un chapitre consacré à la langue humaine, l'apôtre Jacques s'exprime comme il suit: «Par elle nous bénissons le Seigneur notre Père, et par elle nous maudissons les hommes faits à l'image de Dieu. De la même bouche sortent la bénédiction et la malédiction. Il ne faut pas, mes frères, qu'il en soit ainsi » (Jacques 3:9, 10). La malédiction, la médisance, le mensonge, les obscénités entraînent la mort, tandis que la bénédiction, les paroles de vérité et d'amour conduisent à la vie.

XIV. La voie de la providence et de la justice divine

Dans une acception large, la providence est la suprême sagesse par laquelle Dieu conduit toutes choses vers le but qu'il leur a assigné dès la fondation du monde. Dans une acception restreinte, la providence, c'est le soin que Dieu prend de ses enfants, en veillant sur eux, en les aidant et en les protégeant. Dans ce qui suit, on prend le concept de providence dans sa seconde acception.

Quant à la justice divine, on l'envisage comme la prérogative du gouvernement de Dieu sur la création. Le principe sur lequel l'Éternel juge ses créatures a trouvé sa formulation la plus frappante dans le livre du prophète Abdias:« Il te sera fait, comme tu as fait, tes œuvres retomberont sur ta tête (Abdias 1:15). Ce qui nous préoccupe maintenant n'a aucun rapport avec le jugement dernier, nous nous limitons à la justice que Dieu rend contre les hommes tant qu'ils vivent dans le corps.

L'idée de providence perce dans maints proverbes, dont on a choisi à peu près une douzaine.

1. »Les yeux de l'Éternel sont en tout lieu, observant les méchants et les bons (15:3).

2. »Le séjour des morts et l'abîme sont devant l'Éternel; combien plus les cœurs des fils de l'homme ». (15:11)

3. »Les projets que forme le cœur dépendent de l'homme, mais la réponse que donne la bouche vient de l'Éternel ». (16:1).

4. « Le cœur de l'homme médite la voie, mais c'est l'Éternel qui dirige ses pas ». (16:9)

5. « Il y a dans le cœur de l'homme beaucoup de projets, mais c'est le dessein de l'Éternel qui s'accomplit ». (19:21)

6. »Recommande à l'Éternel tes œuvres, et tes projets réussiront ». (16:3)

7. »Le souffle de l'homme est une lampe de l'Éternel; il pénètre jusqu'au fond des entrailles ». (20:27)

8. »Le cœur du roi est un courant d'eau dans la main de l'Éternel; il l'incline partout où il veut ». (21:1)

9. »Car sept fois le juste tombe, et il se relève, mais les méchants sont précipités dans le malheur ». (24:16)

10. »Quand l'Eternel approuve les voies d'un homme, il dispose favorablement à son égard même ses ennemis ». (16:7)

Evidemment, l'omniprésence de Dieu favorise le fonctionnement de la providence. Du bout des cieux, l'Éternel regarde les fils de l'homme « pour voir s'il y a quelqu'un qui soit intelligent, qui cherche Dieu » (Psaume 14:2). L'Éternel dirige de préférence ses regards vers ceux qui le craignent dans le dessein d'arracher leur âme à la mort (Psaume 33:19). L'Éternel observe aussi les méchants « pour retrancher de la terre leur souvenir ». (Psaume 34:17)

Les hommes regardent l'aspect extérieur des choses, l'Éternel regarde au cœur, jugeant jusqu'aux pensées secrètes des hommes, par sa Parole (Hébreux 4:12, 13). Ainsi donc, lorsqu'un individu ouvre la bouche pour parler, Dieu sait déjà ce qu'il va dire.

Il nous arrive fréquemment que nous préparions un discours en vue d'un rendez-vous et que, l'occasion venue, nous prononcions des mots auxquels nous n'avions préalablement pas pensé. Un tel tour vient de l'Éternel.

Il se fait qu'un homme se propose d'accomplir une chose quelconque, mais son plan échoue. Il réalise cependant quelque chose sans y avoir pensé d'avance. De cette façon, Dieu nous garde de commettre une iniquité et nous donne à faire le bien.

La majeure partie des projets que le cœur humain met au point se rapporte aux convoitises de la chair et à l'orgueil de la vie. Mais Dieu désire que ses enfants se fatiguent pour le Royaume de Christ, qu'ils s'engagent pleinement dans le bon combat de la foi, mettant du temps à prier, à jeûner et à répandre l'Évangile. Dieu évente nos plans et nous amène à réaliser les siens, au cas où nous nous sommes donnés à Christ dans l'eau de la nouvelle alliance.

On peut bien sûr se former des plans conformes à la volonté de Dieu, puisqu'on connaît sa volonté exprimée dans la Bible (cf. Ephésiens 5:17). Un tel plan, recommandé à l'Éternel en prière, a de réelles chances de réussite.

La respiration atteste que l'esprit de vie se tient dans le corps. D'où l'équivalence d'entre l'esprit et le souffle. De même que la lampe dégage de la lumière, de même l'esprit produit le souffle. Dans notre proverbe l'expression « le souffle de l'homme » remplace le terme d'esprit, car c'est l'esprit qui fonctionne comme une lampe, donnant la lumière et la vie aux entrailles.

Si l'Éternel incline le cœur d'un roi partout où il veut, il en fera autant à plus forte raison à l'égard des gens simples que nous sommes. Cette assertion va de pair avec une révélation reçue par Jérémie:« La voie de l'homme n'est pas en son pouvoir; ce n'est pas à l'homme quand il marche, à diriger ses pas » (Jérémie 10:23).

Les épreuves que Dieu permet dans la vie de chacun décèlent les dispositions du cœur (Deuteronome 8:2). En tombant en tentation, l'homme s'aperçoit de ses faiblesses humiliantes. Confessant son péché commis à l'heure de la tentation, il en obtient la rémission, grâce au sacrifice de Jésus-Christ (1. Jean 1:7, 9). C'est ainsi qu'un croyant se relève de sa chute. Mais ceux qui ne se fient pas au sacrifice de Golgotha s'enfoncent de plus en plus dans la vase du péché.

Rien de plus étonnant qu'un ennemi qui vous fasse du bien. Dieu récompense parfois d'une telle merveille ceux qui marchent constamment dans la voie de la droiture divine.

Sous un angle plus ample, la providence comprend toutes les circonstances que l'Eternel a créées pour rendre possible la vie sur la Terre: air, eau, soleil, végétation, animaux. L'Éternel fait lever son soleil sur les méchants et sur les bons, et il fait pleuvoir sur les justes et sur les injustes (cf. Matt. 5:45).

On a fait choix de six proverbes pour illustrer la justice que Dieu fait sur la terre.

1. »Toutes les voies de l'homme son pures à ses yeux, mais celui qui pèse les esprits, c'est l'Éternel ». (16:2)

2. »Le creuset est pour l'argent, et le fourneau est pour l'or, mais celui qui éprouve les cœurs, c'est l'Éternel ». (17:3)

3. »Tout cœur hautain est en abomination à l'Éternel; certes il ne restera pas impuni ». (16:5)

4. »Le malheur poursuit ceux qui pèchent, mais le bonheur récompense les justes ». (13:21)

5. »Ce que redoute le méchant, c'est ce qui lui arrive; et ce que désirent les justes leur est accordé ». (10:24)

6. »L'Éternel a tout fait pour un but, même le méchant pour le jour du malheur ». (16:4)

La voie visible des humains dépend indubitablement des esprits qui logent dans leurs corps. Pour justifier son comportement, que son esprit lui imprime, l'homme argue des mœurs de ce monde. Mais Dieu ne prend pas en considération les arguments qu'on tire de ce monde. Il pèse l'esprit qui pousse l'homme vers le désordre et le trouve sans poids dans sa balance.

Un proverbe indique le cœur comme résidence de la vie (4:23). Jésus dit que c'est l'esprit qui vivifie le sang et la chair (Jean 6:63). On en conclut que le siège de l'esprit est dans le cœur. Dieu épure le cœur et l'esprit dans les flammes de l'épreuve comme on épure l'argent dans le creuset et l'or dans le fourneau. Parmi les épreuves, il y a: maladie, échec, débâcle, décès et d'autres. Si la personne éprouvée se trouble, se lamente, murmure et se rebelle, son cœur possède encore des impuretés, qui font chanceler sa foi.

Selon le roi David, l'orgueil est à l'origines de grands péchés (cf. Psaume 19:13, 14). Or, le péché est la transgression de la Loi et entraîne le châtiment de la part du Législateur divine.

En dernière analyse, le péché est inimité envers Dieu. La punition que l'Éternel donne à ses adversaires porte communément le nom de malheur. À cause des pécheurs impénitents, Dieu envoie sur la terre des maladies incurables, des guerres, des inondations, la grêle, la sécheresse et des tremblements de terres. Ces plaies créent une atmosphère d'humiliation, favorable à la conversion, mais c'est rarement que les hommes se convertissent à Dieu après une catastrophe (Apocalypse 9:20, 21; 16:21). Cependant, les appelés et les élus se convertissent. Saisis d'épouvante, ils donnent gloire à Dieu.

Si les impies ne craignent point l'Éternel, ils ont en revanche d'autres craintes, dont plusieurs déraisonnables. Même ils croient à la réalité des périls imaginaires qui les hantent. Jésus le Seigneur nous a dévoilé une loi céleste, selon laquelle les hommes ont part aux choses auxquelles ils croient et auxquelles ils rendent témoignage. (Matthieu 9:21, 22, 27-30; Marc 9:15-23; Luc 17:11-19) Si l'incrédule redoute une chose, il y aura part. De même, le croyant reçoit en don les choses pour lesquelles il prie.

Le dernier proverbe de cette série relève un problème épineux, celui de la prédestination. Quoi qu'on en dise, ce proverbe affirme que Dieu a créé le méchant pour lui faire connaître la souffrance au jour du malheur. L'idée de prédestination au malheur et au châtiment se signale de même chez l'apôtre Pierre:«Le Seigneur sait délivrer de l'épreuve les hommes pieux, et réserver les injustes pour être punis au jour du jugement ». (2 Pierre 2:9) Il n'y a rien à ajouter ni à retrancher. L'Écriture ne peut être anéantie, et l'on ne peut aller au delà de ce qui est écrit (Jean 10:35, 1 Cor. 4:6)

Conclusions sur les voies comprises dans le corpus biblique de proverbes

À ce que l'on voit, le recueil inspiré de proverbes accuse une conception manichéenne sur le monde. Ce recueil décrit des voies contrastantes, donnant l'occasion au lecteur d'en choisir celles qui lui conviennent. Les voies désirables et utiles sont:la piété, la tempérance, la prudence, l'intelligence, la droiture, la bonté, la paix, la diligence, la richesse la fidélité conjugale, la réprimande et le témoignage véridique. Les voies pernicieuses sont: l'impiété, l'intempérance, l'imprudence, la folie, la perversité, la méchanceté, la querelle, la paresse, la pauvreté, l'adultère, la moquerie et le témoignage trompeur.

Les chapitres consacrés à l'obtention de la sagesse et à la providence divine constituent des portes ouvertes sur le monde invisible et éternel des esprits, qui règle tous les changements observables dans le monde visible et passager des humains. Le jeu des coulisses que l'Écriture laisse entrevoir nous remplit d'espérance, nous préserve de toute orgueil spirituel et nous dispose à la précaution. L'Éternel, qui est Esprit omniprésent et tout-puissant, ouvre l'accès de ses créatures vers la sagesse divine; si l'on s'engage dans sa voie et qu'on y fasse du progrès, la gloire en appartient au Père céleste qui se soucie de nous; il ne faut pas perdre de vue que notre ennemi le Diable cherche à dévorer même les élus. Afin de lui échapper, les sages s'approchent de plus en plus de Dieu, grandissant spirituellement.

La série positive des voies commence par la crainte de l'Éternel qui atteint les personnes étant à l'écoute de la Parole et s'y fiant. Celles qui s'y refusent ne bénéficient pas de l'atteinte du Saint-Esprit. Un homme ayant la crainte de l'Éternel cherche à plaire à Dieu dans tout son comportement, fuyant le péché et faisant ce qui est juste en paroles et en actes. Le candidat à la sagesse doit être surveillé par un homme de Dieu, chargé de corriger et d'encourager son disciple, dans l'esprit de la Parole.

Les voies qu'on a parcourues au travers de douze chapitres sont tout autant de sentiers qui mènent à la connaissance de Dieu, vers la perfection divine. Aucun homme ne peut connaître Dieu, si ce n'est celui qui lui ressemble. Or, la série positive des voies a les traits distinctifs de la Divinité.

La piété est un fervent attachement au service de Dieu. L'homme pieux accorde la priorité à la vie spirituelle. Le Seigneur Jésus nous a fourni un exemple de piété par son ministère et par sa déclaration mémorable, faite à ses disciples:«Ma nourriture est de faire la volonté de celui qui m'a envoyé, et d'accomplir son œuvre » (Jean 4:34). Il a été exaucé à cause de sa piété, état d'âme qui caractérise ceux qui ont offert leur cœur à l'Éternel.

La tempérance enfreint l'élan de l'homme charnel vers les excès de toutes sortes. Ces excès mettent en évidence l'égoïsme inné, source d'injustice et de mépris envers les autres. La tempérance nous préserve de causer un préjudice à qui que ce soit. La modération dans tous nos plaisirs nous empêche de pécher contre les fils d'Adam.

La prudence tient constamment en éveil l'esprit de chacun de nous. L'homme prudent se tient toujours sur ses gardes pour éviter les pièges parsemés dans ce monde. Il contrôle, d'une part, les pensées, les sentiments et les intentions qui viennent de l'intérieur, et il soumet, d'autre part, à un examen minutieux les stimuli que vient de l'extérieur. Le piège le plus dangereux où l'on puisse donner, c'est la crainte des hommes, laquelle chasse du cœur humain la crainte de l'Éternel.

L'intelligence va de pair avec la prudence. L'un des signes distinctifs de l'intelligence, c'est la lenteur à la colère. Un autre signe en est qu'elle puise aux pensées de tout interlocuteur. Voilà pourquoi l'intelligence garde son maître des embûches que les gens de mauvaise vie jettent sur son passage.

La droiture est l'apanage d'une vie menée selon la justice divine. Celui qui mène une vie droite se conforme dans toute sa conduite aux prescriptions bibliques. Parmi les attitudes d'un juste, on mentionne les suivantes:il hait les paroles mensongères, sa bouche est une source de vie, son œuvre sert la cause de la vie, il évite de faire le mal. Ceux qui appartiennent au Seigneur s'éloignent de l'iniquité. C'est le signe sûr des enfants de Dieu (2. Timothée 2:19).

La bonté, spécifique à l'homme aux regards bienveillants, vient au devant des nécessités d'autrui. L'homme bon fait aussi du bien à sa propre âme, il a pitié du pauvre. La bonté constitue une charme inégalable.

Conçue comme un état de tranquillité intérieure et de concorde extérieure, la paix est une composante du bonheur, à côté de la joie, de l'amour et de la justice. L'amour, la joie et la paix sont les premières manifestations du fruit de l'Esprit (Galates 5:22, 23). L'apôtre Paul a osé déclarer que le Royaume de Dieu est la justice, la paix et la joie par le Saint-Esprit (Romains 14:17). Jésus est allé jusqu'à dire que les faiseurs de paix porteraient le nom de fils de Dieu (Matthieu 5:9). Les fils du Prince de la Paix se font un titre de gloire de s'abstenir des querelles.

La diligence s'est toujours avérée la condition principale du bien-être. L'activité a été et reste un trésor pour l'homme. La diligence assure l'assouvissement des désirs, une certaine autorité sociale et un renom bien mérité.

La richesse se doit premièrement à la bénédiction de l'Éternel. La richesse amassée peu à peu s'augmente, celle mal acquise diminue. Elle constitue pour les athées une ville forte; mais, au jour du courroux divin, elle ne sert de rien.

La fidélité consiste à observer une alliance librement consentie. La fidélité conjugale et la fidélité envers l'Éternel vont de pair. Quiconque abandonne son conjoint ou sa conjointe abandonne aussi son Dieu. Il faut en convenir qu'une femme vertueuse est un don de l'Éternel. Elle bâtit sa maison et représente les intérêts de son mari.

L'éducation suppose la mise en œuvre des préceptes, des réprimandes et des conseils, qui servent à équiper les disciples confrontés aux pièges de ce monde où le bien et le mal coexistent. Quant au disciple, il est appelé à réfléchir et à recevoir les réprimandes et les instructions d'un cœur humble. L'obéissance au maître lui assure du progrès dans son apprentissage. Avant tout, il a besoin d'expérience dans le combat mené pour la pureté spirituelle. Le bon disciple se souvient de la correction et n'oublie pas la réprimande qui l'affecte plus que cent coups ne l'affectent le moqueur. Il aime la correction parce qu'il aime la science.

La communication verbale distingue l'homme de toutes les autres créatures. L'homme parle pareillement à Dieu. Le don de la parole relève de l'esprit de vie qui habite dans la tente charnelle de l'homme. Mais, l'esprit humain a été soumis à la souillure du péché, ce qui permet l'immixtion des esprits immondes dans la vie intérieure de l'homme. De la même source, il jaillit ainsi de l'eau douce et de l'eau salée. La réflexion refoule les eaux salées et favorise le jaillissement des eaux douces. Le juste se rassasie des fruits de sa bouche, et il en rassasie aussi son entourage. Le témoignage qu'on rend au monde doit être véridique, sans passer sous silence les aspects positifs.

Opposés aux chemins de la pureté, qui mènent en haut, vers la sainteté de Dieu, les chemins de la souillure descendent vers les profondeurs de Satan.

Le rejet de la sagesse présume l'orgueil qui n'accepte pas de conseils de nulle part. Celui qui reçoit des indications a un esprit humble, connaissant ses limites. L'orgueilleux rejette les instructions du sage, parce qu'il ne peut pas les entendre (cf. Jean 8:43). C'est le Seigneur seul qui puisse délivrer les hommes de l'étreinte de la désobéissance. Aie pitié de nous, Seigneur, afin que nous puissions écouter tes paroles!

L'impiété consiste dans le mépris pour le service de Dieu. Détournant ses oreilles pour ne pas écouter la Loi, l'impie marche dans les ténèbres et ne voit pas ce qui le fait tomber. Il prend des voies tortueuses, ses pieds se hâtent de courir au mal, sa bouche est pleine de perversités.

L'intempérance a sa source dans l'avidité pour tout ce que ce monde offre à la chair. Celui qui est avide de gain trouble sa maison. La hâte qu'on met à s'enrichir entraîne la punition. L'intempérance alimentaire et surtout l'ivrognerie ne restent point impunies.

L'imprudence est le trait psychique de l'homme qui ne discerne guère les dangers. C'est une cécité spirituelle. Il agit comme s'il n'y avait aucun piège autour de lui. L'imprudent parle légèrement et blesse comme un glaive, il est prompt à la colère et fait des sottises, il se hâte d'entrer en contestation. Mais la plus grande imprudence, c'est de rester en état d'inimitié avec Dieu.

La folie, prise spirituellement, désigne non seulement le manque de raison, mais aussi une conception athée du monde (cf. Psaume 53:1, 2). L'insensé fait un jeu du crime et ne s'aperçoit pas des détours de sa voie. Il revient toujours à sa folie, malgré les corrections qu'on lui administre.

La perversité signifie « goût pour le mal ». La perversité est la corruption des mœurs. En raison de la perversité galopant, les attitudes interdites hier deviennent aujourd'hui acceptables. Le pervers déplace la borne ancienne, il flatte son prochain, tendant un filet sous ses pas; il se nourrit du pain de mensonge et répand des calomnies. La fausseté est l'élément vital du pervers.

La méchanceté est spécifique aux personnes cruelles et malveillantes. Le méchant ne dormirait s'il n'avait fait tomber personne, car son homme intérieur se nourrit de méfaits. Ses paroles sont des embûches pour verser le sang. Le méchant est renversé par sa méchanceté, à sa mort son espoir périt.

La querelle a comme source la haine envers les hommes, envers leurs pensées et leurs comportements. Les disputes s'enflamment dans les milieux où la moquerie est chez elle. Si l'on chasse les moqueurs, les outrages cesseront. Il est à éviter toute contestation avec un insensé.

La paresse est un esprit qui imprime à l'homme un comportement indolent. Le paresseux mène une vie oisive. Et l'oisiveté le plonge dans le dénuement. On le reconnaît à ce qu'il tourne le matin dans son lit comme une porte sur ses gonds. Il invoque parfois des motifs ridicules pour défendre sa fainéantise. La disette le surprend comme un rôdeur.

La pauvreté est le partage de celui qui agit d'une main lâche. Elle est aussi un châtiment pour ceux qui rejettent la correction. Toutefois, celui qui raille le pauvre s'expose au jugement divin.

L'infidélité, en général, et l'infidélité conjugale, en spécial, mettent en évidence l'inconstance sentimentale de ceux qui s'en font coupable. La femme adultère, mise au pilori dans notre recueil, a oublié l'alliance de son Dieu et a abandonné l'ami de sa jeunesse. Sa félonie lui vaut l'horreur générale.

Le rejet de la réprimande et de la correction caractérise le moqueur. Celui-ci abreuve d'insultes le sage réprimandeur qui tâche de l'éduquer. À son égard, il n'y a aucune espérance. Tous ceux qui repoussent l'instruction divine auront leur part dans l'étang de feu et de soufre, qui est la deuxième mort.

Le témoignage trompeur ou le mensonge vient du Père de Mensonge (Jean 8:44). Ce type de témoignage relève des pensées errantes qui troublent l'âme et la remplissent d'épouvante. Le témoin déloyal s'attire la punition qu'il désirait affliger aux autres. Le sage déconseille de répondre à l'insensé selon son langage pervers. Il lui faut répondre de manière à le confondre pour son incongruité. Le discoureur perfide rassasie son homme intérieur des eaux corrompues qui jaillissent de sa bouche.

Tels qu'ils viennent au monde, les descendants d'Adam manquent de la gloire de Dieu (Romains 3:23). Ceux qui s'engagent dans les voies de la pureté récupèrent une bonne partie de la gloire perdue à cause du péché. Les gens qui refusent la sagesse d'en Haut et qui prennent en grippe le savant réprimandeur vont de mal en pis, perdant à la fin leur aspect humain.

Sans conteste, la sagesse est plus précieuse que l'or pur, parce qu'elle transforme lentement l'homme à l'image de la sainteté divine. Mais la sagesse ne peut totalement éliminer l'homme charnel de la course terrestre. C'est pourquoi Dieu a mis à la disposition de l'humanité la foi en Christ et le portement de la croix christique. Jésus- Christ a été fait, de par Dieu, pour nous « sagesse et justice et sanctification et rédemption, afin, comme il est écrit, que celui qui se glorifie, se glorifie dans le Seigneur» (1. Corinthiens 1:30, 31). Ainsi donc, la foi accompagnée de portement de croix est une voie encore plus brillante! Achevons maintenant cette première partie des nos entretiens par un proverbe qui résume en part notre dernière assertion:«Confie–toi en l'Éternel de tout ton cœur, /Et ne t'appuie pas sur ta sagesse; /Reconnais-le dans toutes tes voies, /Et il aplanira tes sentiers» (Proverbes 3:5, 6).

SECONDE PARTIE

La puissance persuasive et la structure formelle des Proverbes

À coup sûr, les proverbes dégagent une puissance persuasive indéniable, qui se doit, d'une part, à une perception spécifique du monde, et d'autre part, à une structure sémantique et phraséologique adéquate.

Au point de vue des discernements qui percent à jour du recueil inspiré, on distingue six catégories d'unités, auxquelles s'ajoutent de nombreuses interdictions et exhortations formelles.

La première catégorie de proverbes comporte des équivalences et des traits caractéristiques qui n'échappent guère aux yeux scrutateurs du sage.

La seconde catégorie d'unités met en évidence la cause des événements dans le but de faire éviter aux gens les périls qui en résultent.

La troisième catégorie de proverbes décèle la voie qui mène au but désirable, accentuant sur les conditions à remplir et sur les moyens à employer en ce sens.

La quatrième catégorie met en relief la valeur ou la non-valeur, ce qui édifie ou ce qui nuit.

La cinquième catégorie d'unités emploie une présentation contrastive des éléments de ce monde, accordant une place à part aux paradoxes.

La sixième catégorie de proverbes se constitue en présages, accompagnés souvent d'explications.

Les interdictions et les exhortations contenues dans les proverbes s'appuient souvent sur de fermes motivations, ce qui imprime à ces unités une note péremptoire.

Quoiqu'elle paraisse factice, cette catégorisation, loin d'être exhaustive, permet quand même de pénétrer le monde intérieur des sages. Vu la riche diversité des discernements auxquels on a affaire, il est fort difficile qu'on mette en catégories bien limitées les 885 versets que comptent les Proverbes de Salomon. En dehors des 253 unités, dont nous nous sommes antérieurement occupé, nous allons en examiner encore 70.

Unités fondées sur des équivalences et sur les traits caractéristiques des objets examinés

Étant constamment en éveil, le sage distingue à chaque instant des similitudes et des contrastes. Les équivalences qu'il constate servent à ouvrir les yeux de l'auditoire sur ce que sont les objets environnants. Ce faisant, il détermine ses prochains à en faire leur choix.

La première série d'unités qu'on approche a en commun le verbe "être» reliant sujet et attribut.

1. "Le cœur calme est la vie du corps, /Mais l'envie est la carie des os." (14 :30)

2. "Un cœur joyeux est un bon remède, /Mais l'esprit abattu dessèche les os." (17 :22)

3. "Commencer une querelle, c'est ouvrir un digue; /Avant que la dispute s'anime, retire-toi." (17 :14)

4. "Un homme pauvre qui opprime les misérables est une pluie violente qui fait manquer le pain." (28 :3)

5. "Les pensées des justes ne sont qu'équité; /Les desseins des méchants ne sont que fraude." (12 :5)

6. "Celui qui absout le coupable et celui qui condamne le juste/ Sont tous deux en abomination à l'Éternel." (17 :15)

7. "Le vin est moqueur, les boissons fortes sont tumultueuses; / Quiconque en fait excès n'est pas sage." (20 :1)

8. "La bouche de l'étrangère est une fosse profonde; /Celui contre qui l'Éternel est irrité y tombera." (22 :14)

La remarque que le cœur calme équivaut à la vie du corps suscite un désir ardent pour la paix de l'âme laquelle garantit la longueur de la vie biologique. La chair aime énormément la vie biologique et a horreur des maladies. Or, l'envie nuit à la vie de même que la carie nuit aux os. L'opposition établie entre le cœur calme et l'envie fait opter pour le premier.

La seconde unité met signe d'égalité entre un cœur joyeux et un remède efficace. En effet, la joie bannit du cœur l'angoisse qui déséquilibre l'organisme humain. Aussi est-il préférable aux médicaments empoisonnants. L'antipode du cœur joyeux, c'est l'esprit abattu qui vide les os de toute vitalité. Mises l'une à côté de l'autre, ces deux équivalences font prendre position pour la joie de l'âme. Ceux qui ont leurs noms écrits dans les Cieux ont lieu de se réjouir au milieu même des persécutions les plus cruelles.

Les moqueurs s'en prennent souvent aux gens de leur connaissance. Tout va bien jusqu'au moment où ils s'accrochent à une forte partie. Alors la querelle prend des aspects dévastateurs. La querelle commencée entre deux gens entêtés a l'effet d'une grande inondation. C'est pourquoi, commencer une querelle est égale à ouvrir la digue d'un lac de barrage-réservoir. Par la peur qu'elle suscite, cette équivalence est propre à décourager les railleurs.

Promouvoir les pauvres sans instruction en fonctions publiques comporte de grands risques. L'autorité d'un pauvre parvenu s'apparente à l'oppression, une oppression des plus violentes. L'homme pauvre qui se fait oppresseur laisse les gens sans pain. L'avènement d'un tel fonctionnaire est comparable à une pluie violente qui détruit la récolte.

Naturellement, les gens se reconnaissent à leurs pensées. Les penseés du juste ne le flattent point. L'équité exige que chacun reçoive selon ses œuvres. Le juste se contente des biens qu'il a acquis par son propre travail. Il ne rêve point à posséder ce qui ne lui appartient pas. Tandis que les méchants ont des intentions frauduleuses.

Celui qui absout le coupable est un juge inique, il en est de même de celui qui condamne le juste. Telle qu'elle soit, l'iniquité est en abomination à l'Éternel. Cette unité est structurée de manière à déconcerter tous ceux qui font acception de personne.

Reprendre d'un ton doux un buveur mordu, dans ses rares moments de lucidité, peut avoir des effets plausibles. Dans ce verset, la réprimande acquiert un air diplômatique par ce que le sage applique les attributs "moqueur" et "tumultueuses" à des boissons, qui dépouillent l'ivrogne de son intelligence et le disqualifient.

Ce qui irrite l'Éternel, c'est impénitence des pécheurs. Ainsi donc un homme qui ne se repent point de ses péchés risque de tomber dans une fosse profonde, identifiée à la bouche d'une prostituée. L'intimitié d'une étrangère constitue un précipice, voisin de la mort.

Une autre série de proverbes ont en commun une subordonnée relative, mise en césure et commençant par un pronom démonstratif, suivi d'un pronom relatif. La régente énonce ce qui s'ensuit du fait avancé antérieurement. La subordonnée fait voir un trait caractéristique.

1. "Celui qui médite de faire le mal, /S'appelle un homme plein de malice." (24 :8)
2. "Celui qui creuse une fosse y tombe, /Et la pierre revient sur celui qui la roule." (26 :27)
3. "Celui qui craint l'Éternel possède un appui ferme, /Et ses enfants ont un refuge auprès de lui." (14 :26)
4. "Celui qui amasse pendant l'été est un fils prudent, /Celui qui dort pendant la moisson est un fils qui fait honte." (10 :5)
5. "Ceux qui abandonnent la loi louent le méchant, /Mais ceux qui obsevent la loi s'irritent contre lui." (28 :4)
6. "Celui qui est sage de cœur reçoit les préceptes, /Mais celui qui est insensé court à sa perte." (10 :8)

L'intérêt du premier proverbe consiste à confondre ceux qui

prennent plaisir à faire du mal. Le début de ce proverbe "celui qui" a une grande ouverture, de sorte que l'auditoire ne s'attend pas à être intimement visé. L'insertion "médite le mal" contient une attitude reprobable. La seconde partie de cette unité s'agence avec la collaboration de l'écouteur. Quand le sage articule "s'appelle un homme plein", le bon entendeur y ajoute "de malice". Ici nous sommes dans la présence d'une définition qui réveille la conscience de ceux qui en sont concernés.

Le second proverbe affiche dans deux actions une seul trait caractéristique, celui du vengeur, qui tantôt creuse une fosse, tantôt roule une pierre. Mais la réponse divine ne retarde point. Le syntagme "y tombe" est un avertissement; doublé d'un autre, "revient sur lui". Ce proverbe apprend aux malfaiteurs de s'attendre toujours à la réponse divine, car Dieu fait justice parmi ses créatures.

Le syntagme "celui qui" est suivi maintenant d'une attitude très profitable, celle de craindre l'Éternel. La conséquence en est la haute protection divine s'étendant jusqu'aux enfants et les petits-enfants de l'homme pieux (cf. Exode 20 :5, 6)

Amasser pendant l'été dénote une nature prudente. Un fils prudent offre de quoi se glorifier à ses parents. Par contre, le fils fainéant, qui se reconnaît à ce qu'il dort pendant la moisson, abreuve de honte ses parents.

Ceux qui abandonnent la loi de l'Éternel sont reconnaissables à ce qu'ils louent le méchant. Lorsqu'on se met à louer les immoralités, on en commet à profusion. Mais s'opposer à la perversion, c'est signe de droiture. Un homme juste s'irrite contre la méchanceté. C'est son trait caractéristique.

Recevoir les préceptes indique un cœur sage, qui se nourrit d'enseignements sains. Les préceptes sont des faisceaux de lumière sur notre chemin, nous empêchant de nous égarer. Celui qui rejette la lumière des préceptes finit par tomber dans un abîme.

Il reste encore à être présenté un groupe de proverbes où l'on ne retrouve pas le syntagme "celui qui". Mais ces proverbes sont

quand-même fondés sur des traits caractéristiques.
1. "L'homme prudent voit le mal et se cache. /Mais les simples avancent et sont punis." (22 :3)
2. "L'ami aime en tout temps, /Et dans le malheur il se montre un frère." (17 :17)
3. "Ce n'est à l'intelligence que l'insensé prend plaisir, /C'est à la manifestation de ses pensées." (18 :2)
4. "L'homme qui a de la sagesse est lent à la colère, /Et il met sa gloire à oublier les offenses." (19 :11)
5. "L'âme méchant désire le mal . /Son ami ne trouve pas grâce à ses yeux." (21 :10)

Les hommes prudents fuient le mal. Par le mal on entend tout ce qui éloigne l'homme de l'Éternel, le saint Dieu vivant. Le prudent fuit l'iniquité, mais il évite aussi les périls et les souffrances évitables, en se cachant. À l'inverse, les simples ne se mettent pas à l'abri lorsqu'un danger paraît à l'horizon. Ils ne se rendent point compte des dangers qui les guettent.

Le caractéristique d'un ami authentique est d'aimer n'importe quand. Dans le bonheur ainsi que dans le malheur, sa fidélité reste inébranlable. Il y a même des moments durs où il agit comme un frère.

L'intelligence impressionne tous les couches sociaux. Tout homme se laisse captiver par un discours étincelant. Mais ce n'est pas le cas de l'insensé. Il ne peut émettre ni capter un message transmis sur les ondes de l'intelligence. En revanche, il éprouve du plaisir à s'entendre parler et à exprimer ses pensées à lui. On le voit toujours payer les frais de la conversation.

Le trait caractéristique du sage, c'est la lenteur à la colère. Oubliant les offenses reçues antérieurement, il ne tombe jamais en exaspération contre qui que ce soit. On ne peut oublier que les offenses pardonnées. Le sage pardonne afin de ne pas laisser à Satan de tirer avantage d'une querelle. (cf. 2.Cor. 2 :10, 11).

L'âme méchant se trahit par ce qu'elle ne peut ni ne veut pardonner. Sous le prétexte de faire justice, le méchant inflige des souffrances même à son meilleur ami. Lorsqu'on lui fait tort, il se venge sur le champs. C'est qu'il se sent pousser à nuire aux autres.

Les proverbes du dernier groupe présentent des attitudes spécifiques à certains catégories de gens :l'homme prudent se cache, l'ami aime constamment, le sage est lent à la colère, le méchant désire le mal. Ces attitudes constituent des sceaux auxquels on reconnaît chaque catégorie humaine.

Unités basées sur les causes des états de choses et des événements

De premier abord, on se penche sur les proverbes qui recourent, pour exprimer la cause, à des utils grammaticaux comme la conjonction, l'adverbe, la locution conjonctive ou la locution prépositionnelle.

1. "Les projets échouent faute d'une assemblée qui délibère . /Mais ils réussissent quand il y a de nombreux conseillers." (15 :22)
2. "Quand vient l'orgueil, vient aussi l'ignominie; /Mais la sagesse est avec les humbles." (11 :2)
3. "Quand il n' y a pas de révélation, le peuple est sans frein; /Heureux s'il observe la loi."29 :18)
4. "Un homme est estimé en raison de son intelligence, /Et celui qui a le cœur pervers est l'objet du mépris." (12 :8)
5. "Les désirs du paresseux le tuent, /Parce que ses mains refusent de travailler. " (21 :25)

Dans toute communauté humaine, les échecs révèlent d'un gouvernement individualiste. La cause y est introduite par la locution prépositive "faute de". Les choses publiques défaillent faute d'une assemblée délibérative. Par contre, le grand nombre de conseillers assure la réussite.

Lorsque l'orgueil va devant, l'ignominie le suit de près. L'opprobre qu'on endure en public se doit à des actes d'arrogance précédemment commis. La temporelle "quand vient l'orgueil" exprime donc une cause. L'antonyme de l'orgueil, l'humilité, préserve de l'ignonimie. Voilà pourquoi les sages apprécient l'humilité.

Un peuple sans frein est en proie à la débauche, à l'idolâtrie et à l'agressivité. L'une des causes de cet état d'errance s'attribue au manque de révélation divine, à la disparition des prophètes. La cause de la débandade s'introduit toujours par l'adverbe "quand". Lorsque les prophètes se taisent et les miracles divins s'estompent, il reste quand même comme guide la Parole écrite.

En général, le prestige d'un homme vient de son instruction et de sa culture. Nos contemporains estiment aussi la richesse, l'autorité et le renom. Pour le sage, c'est l'intelligence qui imprime à la personnalité humaine sa consistance. Dans la phrase "Un homme est estimé en raison de son intelligence", la locution prépositionnelle "en raison de"introduit la cause. Pour ce qui est du cœur pervers, il s'attire le mépris, car la perversion est contraire est à l'intelligence d'en Haut.

C'est horrible d'être tourmenté par des désirs constamment inassouvis. Or, c'est l'état du paresseux qui se fait des plans sans jamais les atteindre. La cause des tourments réside dans la fainéantise. Cette cause est exprimée à l'aide de la locution conjonctive "parce que". Ce proverbe dévoile la nature maligne de l'esprit de paresse qui fait souffrir ses esclaves.

Un autre échantillon de proverbes expriment la cause sans recours à des outils grammaticaux. Mais on y met en cause la voix passive, les aspects des verbes et la topique.

1. "La résistance des stupides les tue, /Et la sécurité des insensés les perd." (1 :32)
2. "Le méchant est pris dans ses propres iniquités, /Il est saisi par les liens de son péché. (5 :22)
3. "Le moqueur n'aime pas qu'on le reprenne; /Il ne va point vers les sages. (15 :12)
4. "C'est l'Éternel qui dirige les pas de l'homme, /Mais l'homme peut-il comprendre sa voie?" (20 :24)

5. "L'oreille qui entend, et l'œil qui voit, /C'est l'Éternel qui les a faits l'un et l'autre." (20 :12)
6. "Un espoir différé rend le cœur malade, /Mais un désir accompli est un arbre de vie." (13 :12)
7. "La paresse fait tomber dans l'assoupissement, /Et l'âme nonchalante éprouve la faim ." (19 :15)

La première unité a comme sujet un nom abstrait suivi de son complément désignant une catégorie d'hommes, le stupide. Le verbe "tuer" semant l'effroi menace le stupide. L'action dont l'agent est un trait caractéristique du stupide se dirige contre celui-ci. La résistance est donc une flèche qui se tourne contre son dépositaire. Il s'y agit de la résistance aux préceptes bibliques. Pourquoi le stupide y résiste-t-il? Parce qu'il se croit en sécurité. Le stupide est un insensé qui nie l'existence de Dieu (cf. Psaume 14 :1). On y a affaire à deux phrases parallèles, la seconde expliquant la première. Les verbes synonymes "tuer" et "perdre" fonctionnent comme une cloche d'alarme, accusant la résistance et la fausse sécurité de la mort de plusieurs.

Le sujet de la seconde unité souffre l'action qui part de lui-même, de ses iniquités. Le méchant est enchaîné par ses propres péchés. Par exemple, l'homme qui s'adonne à la bagarre en devient dépendant. Cette domination ténébreuse finit par le conduire, soit au pénitencier, soit à l'hôpital, soit au cimetière. Les deux phrases de cette unité sont à la voix passive.

La topique des deux parties de la troisième unité permet de déduire que la première partie exprime une cause . Dans cette unité on sousentend, à la césure, la conjonction "puisque". Puisque le moqueur n'aime pas être repris, il évite la compagnie des sages.

Indubitablement, la cause première de tout ce qui s'égrène sur la terre et dans l'univers réside dans le Créateur. Dieu délimite même l'activité des Ténèbres (Esaïe45 :7). Il peut mettre dans le cœur de ses créatures d'executer son dessein (cf. Apoc. 17 :16, 17). Bref, l'Éternel surveille et dirige les pas de tous les humains. (cf. Jérémie 10 :23) Par malheur, les masses ne comprennent point que leur sort est dans les mains de Dieu et négligent de s'approcher de lui.

Dans sa bonté, le Tout-Puissant dote les humains des cinq sens. L'ouïe et la vue se doivent à l'Eternel et nous avons de quoi le remercier. Mais l'intérêt du sage se porte sur la vue et l'ouïe spirituelles. Il est important qu'on comprenne la Parole et qu'on voie les miracles divins, dont la couronne de la création, l'homme. Sans cette capacité, on perd l' âme (cf. Matthieu 16 :24-26).

En voilà une idée que la science humaine approuve pleinement :un cœur vidé d'espérance se rend malade. L'espoir fait vivre les opprimés, les malades et les indigents. Si la réalisation d'un espoir est différé sans cesse, le cœur perd son appui et s'écroule . Ce qui nous intéresse dans le cadre de cet énoncé, c'est l'emploi du verbe "rendre"à valeur transformative :son sujet est une cause . L'espoir différé est à l'origine d'une maladie de coeur . Tandis que le désir accompli prolonge la vie .

La dernière unité démontre l'emploi du verbe "faire" à valeur factitive. Si l'on tombe dans l'assoupissement biologique ou bien dans l'assoupissement spirituel, la faute est à la paresse. Au fur et à la mesure qu'on s'adonne à la paresse, celle-ci fait tomber dans la nonchalance et dans la disette. Décidément, la paresse est un piège affreux.

Unités axées sur les conditions et les moyens des buts poursuivis

Tous les humains tendent aux choses agréables et utiles . Pour y parvenir, ils ont à remplir certaines conditions et à recourir à des moyens efficaces.

La première série d'unités éclairent les conditions qui assurent l'atteinte des buts désirables.

1. „Celui qui fréquente les sages devient sage, /Mais celui qui se plaît avec les insensés s'en trouve mal". (13:20)

2. „Voici je répandrai sur vous mon esprit, /Je vous ferai connaître mes paroles". (1:23)

3. „La crainte de l'Éternel est une source de vie /Pour détourner les pièges de la mort" . (14:27)

4. „Celui qui marche dans l'intégrité marche avec assurance, /Mais celui qui prend des voies tortueuses sera découverte". (10:9)

5. „Le sort fait cesser les contestations, /Et décide entre les puissants". (18:18)

6. „Tout travail procure l'abondance, /Mais les paroles en l'air mènent à la disette". (14:23)

La relative rend ici une attitude spécifique qui ouvre la porte de la sagesse. Fréquenter les sages est une condition pour devenir sage. Mais l'esprit de sagesse ne s'attache qu'aux disciples fervents qui s'affectionnent pour les préceptes et les mettent en pratique. En échange, ceux qui fréquentent les sots s'exposent à de grands ennuis.

Certes, la simple compagnie des sages est inutile à ceux qui ne sont pas appelés, mais elle est très profitable aux élus. Dans cette compagnie, Dieu répand son Esprit sur les disciples en herbe afin qu'ils pénètrent les profondeurs de sa Parole. Quiconque peut devenir disciple à la condition d'être atteint par l'Esprit Saint. Dans cette unité on sous-entend la conjonction "si"devant le verbe "répandre".

Notre planète est semée de pièges. On peut même dire qu'il y a un labyrinthe de péchés au milieu duquel nous sommes nés. (cf. Psaume 51 :7) Le péché adamique a engendré la mort (Rom. 5 :12). Nos propres péchés nous enfoncent de plus en plus dans le marais de l'anéantissement. Comment détourner donc les pièges de la mort? À la condition de posséder une source de vie. L'infinitivale de but "pour détourner les pièges de la mort" fait de la phrase précédente une condition à remplir. On échappe à la mort à la condition d'avoir la crainte de l'Éternel.

De nos jours, tout le monde cherche la sécurité. Tous appellent aux compagnies d'assurance, se mettant à l'abri des dégâts qui les guettent. Les sages ont toujours en vue de garder une conscience pure devant Dieu. Ceux qui y réussissent marchent avec assurance. Dieu préserve de tout mal les sages menant une vie intègre, irréprochable. Marcher dans l'intégrité est une condition, et se sentir en sécurité est un but. La condition s'y exprime par une relative.

En vérité, il est très difficile de résoudre un différend surgi entre deux adversaires obstinés. En ce cas, le sage propose de tirer au sort. Le noyau de cette communication est l'expression "fait cesser", ayant le sens de "anéantit". Ce qui anéantit une contestation interminable, c'est le sort. Dans la phrase "le sort fait cesser les contestations", le sujet acquiert des valences conditionnelles. Les puissants désireux de paix acceptent la décision du sort, car celle-ci ne les humilie point.

Un autre verbe qui transfome son sujet en condition logique, c'est le verbe "procurer". Dans la phrase "tout travail procure l'abondance", le sujet est une condition et le complément d'objet direct est un but. À travailler n'importe quoi, on arrive à l'abondance de biens. C'est une leçon digne d'être retenue. Par contre, à parler en l'air, on arrive à mourir de faim.

Choisir le moyen adéquat pour un but précis n'est pas à la portée de tout le monde. Voilà quelques proverbes où les moyens s'accommodent aux buts souhaitables.

1. "Par la lenteur à la colère on fléchit un prince, /Et une langue douce peut briser des os. (25 :15)

2. "Par la bonté et la fidélité on expie l'iniquité, /Et par la crainte de l'Eternel on se détourne du mal." (16 :6)

3. "La ville s'élève par la bénédiction des hommes droits, /Mais elle est renversée par la bouche des méchants." (11 :11)

4. "Le nom de l'Éternel est une tour forte, /Le juste s'y réfugie et se trouve en sûreté." (18 :10)

On rencontre souvent des gens coléreux qui rouspètent par habitude. Le moyen qui adoucit leur état d'âme, c'est le calme et une langue douce. Si la lenteur à la colère fléchit un prince hautain, à plus forte raison elle fléchit un simple bourgeois. Les verbes "fléchir" et "briser" suggèrent des exploits. Ces expoits s'attribuent à la lenteur à la colère et à la langue douce. Ce proverbe nos exhorte, entre les lignes, à accomplir des exploits, ayant recours à des moyens propices.

Une conscience pure condamne l'homme toutes les fois qu'il commet des iniquités. Alors se pose la question de la réparation. Selon la sagesse d'un Haut, l'expiation des iniquités se fait par des actes de bonté et de fidélité. La bienfaisance et la libéralité sont un sacrifice auquel Dieu prend plaisir (cf. Hébreux 13:16). La fidélité se rapporte à l'alliance matrimioniale et à l'alliance qu'on fait avec Dieu. Concernant la crainte de l'Éternel, elle sert à nous éloigner de tout péché.

L'intérêt pour la prospérité d'une ville dénote certainement un caractère noble. Le progrès d'une cité quelconque dépend du groupe dont la voix s'y fait entendre. Les hommes droits bénissent les choses qui se déroule en toute équité. Or, l'équité se manifeste là, où le pouvoir est entre les mains des hommes droits. Dans les villes où la bouche des méchants domine l'arène politique tout est en regression.

À tout instant, l'homme moderne est exposé à des dangers de toutes sortes. On fait des efforts surhumains pour se mettre à l'abri. Dans les derniers jours les hommes rendront l'âme de terreur dans l'attente de ce qui surviendra dans la nature. (cf. Luc 21:26) Quelle mesure prendre dans de telles circonstances? Le sage encourage à appeler le nom de l'Éternel. Sa haute protection est comparable à une tour forte, où l'on peut se réfugier. Dans la période de la grâce on appelle aussi le nom du fils unique de l'Éternel, Jésus-Christ (Jean 14:1; Éphésiens 2:18; Actes 4:12; 10:43).

Ces derniers proverbes contiennent, dans leur majeure partie, la préposition "par" précédant un nom abstrait. Les verbes reflètent des transformations radicales : fléchir, briser, expier, détourner, élever, renverser. Les structures qui résultent de leur emploi ont le don de réveiller l'esprit du public.

Unités rendant les poids des choses

Dans notre monde il y a une assez grande confusion quant à la valeur des choses environnantes. On distinque assez difficilement, d'un coté, le précieux et l'utile, et d'autre coté, et l'inutile et le nuisible. Un jugement de valeur suppose la capacité de distinguer les choses ressemblantes et les choses contrastantes. Le sage procède continuellement par des comparaisons. Le recueil foisonne de comparaisons implicites. Maintenant c'est le tour des comparaisons formelles.

Dans les unités suivantes le sage use de comparaisons dans l'intention d'avertir, de consoler, de ridiculiser et d'épouvanter, par le poids des choses présentées.

1. "Comme une ville forcée et sans muraille, /Ainsi est l'homme qui n'est pas maître de lui-même." (25 :28)

2. "Comme un furieux qui lance des flammes, des flêches et la mort, /Ainsi est un homme qui trompe son prochain, /Et qui dit :N'était-ce pas pour plaisanter?" (26 :18, 19)

3. "Comme une épine qui se dresse dans la main d'un homme ivre, /Ainsi est une sentence dans la bouche des insensés." (26 :9)

4. "Comme l'oiseau s'échappe, comme l'hirondelle s'envole, /Ainsi la malédiction sans cause n'a point d'effet." (26 :2)

5. "Le sentier des justes est comme une lumière resplendissante, /Dont l'éclat va croissant jusqu'au milieu du jour." (4 :18)

6. "La voie des méchants est comme les ténèbres, /Ils n'aperçoivent pas ce qui les fait tomber." (4 :19)

Le premier proverbe met sur la balance l'homme qui manque de maîtrise de soi. Une telle âme ne vaut plus qu'une ville forcée et sans murailles. Une âme qui ne se maîtrise pas devient à tout moment la proie des impulsion qui l'assaillent, de même qu'une ville sans murailles est aisément conquise par les troupes adverses. Cette unité ouvre les yeux des gens concernés sur l'état pitoyables où ils gémissent. Dans ce but, le sage emploie dans la subordonnée l'adverbe de mode "comme" et dans la régente son corélatif "ainsi".

Actuellement, les plaisantins jouissent d'une appréciation générale. Le sage en pense tout autrement. Les mauvaises plaisanteries blessent l'âme et suscitent des ressentiments. En comparant le plaisantin avec un furieux qui lance au hasard des flèches et des flammes, le sage le discrédite et le décourage à la fois.

Lorsqu'il s'enfonce une épine dans la main, l'homme ivre ne le fait pas de manière délibérée. Et cette épine ne lui constitue point un titre de gloire. De même l'insensé ne prononce pas des proverbes à bon escient. S'il en prononce, ce ne sera point pour son honneur. Cette unité a une teinte ironique indéniable.

Le problème de la malédiction n'inquiète plus certaines couches socialaux. Cependant on s'en ressent, bon gré mal gré. (cf. Genèse 3 :16-19) La malédiction d'une mère, par exemple, poursuit longtemps le fils rebelle. Et cela d'autant plus que Dieu a en abomination les enfants dénaturés. En revanche, la malédiction sans motif, prononcée par coutume, issue de la bouche d'une personne malveillante, n'aura aucun effet. C'est une consolation à l'intention de ceux qui ne pèchent pas volontairement contre leurs prochains. L'innocent ciblé d'une malédiction sans fondement est comparable à un oiseau qui se sauve et s'envole, laissant l'oiseleur bouche bée. Qui plus est, Dieu retourne contre les maudisseurs les malédictions qu'ils prononcent contre son peuple (cf. Genèse 12 :3).

Voilà un proverbe qui encourage la persévérance dans la voie de la sagesse. Tout disciple est engagé sur un sentier fait de lumière dont l'éclat va en croissant. (Luc 6:40) Cette idée remplit d'enthousiasme même les plus faibles, et l'espérance de la perfection renouvelle leurs forces.

De l'autre côté, les esclaves de la méchanceté reçoivent une nouvelle mise en garde. Leur voie ténébreuse ne leur permet pas de discerner ce qui cause leur perte. Les passions auxquelles ils se livrent avec avidité finissent par les achever. Ces passions regardent la convoitise de la chair, la convoitise des yeux et l'orgueil de la vie. (cf. 1 Jean 2 :16)

Unités renfermant des contrastes étranges et des paradoxes

Tout le recueil inspiré est parsemé d'oppositions et de paradoxes, mais il y en a certains qui étonnent outre mesure, témoignant d'un esprit d'observation particulièrement affilé.

La particularité de la première série réside dans l'emploi de la conjonction "mais" introduisant une idée opposante à celle qui a été avancée précédemment.

1. "Les blessures d'un ami prouvent sa fidélité, /Mais les baisers d'un ennemi sont trompeurs." (27 :6)

2. "Une femme vertueuse est la couronne de son mari, /Mais celle qui fait honte est comme une carie des os." (12 :4)

3. "Les paroles des méchants sont des embûches pour verser le sang, /Mais la bouche des hommes droits est une délivrance." (12 :6)

4. "L'homme prudent cache sa science, /Mais le cœur des insensés proclame la folie." (12 :23)

5. "L'insensé laisse voir à l'instant sa colère, /Mais celui qui cache un outrage est un homme prudent." (12 :16)

6. "La gloire de Dieu, c'est de cacher les choses, /La gloire des rois, c'est de sonder les choses." (25 :2)

La première opposition paraît entre les blessures et les baisers, mais paradoxalement les blessures proviennent d'un ami et les baisers d'un ennemi. Il y a donc des blessures qui témoignent à la fidélité; en revanche il y a des baisers qui dupent. Si un ami blesse notre orgueil, montrant nos fautes, c'est qu'il veille à la pureté de notre voie. Tandis que le baiser d'un ennemi cache des intentions funestes. La sensation de contraste de cette unité se base sur trois paires antonymiques: blessure/baiser, ami/ennemi, fidélité/tromperie.

La femme, créée pour être une compagne fidèle à l'homme, se revêt parfois d'un statut paradoxale. Si la femme vertueuse comble d'honneur son mari, la femme insensée le rend malade et le fait mourir. Le contraste se réalise entre la couronne du mari et la carie de ses os. Le sage y opère aussi deux équivalences. L'épouse craignant Dieu représente une couronne d'or, tandis que la femme adultère équivaut à la carie des os.

Sans doute ne peut-on pas accentuer suffisamment la puissance de la parole . Les paroles des méchants, inspirées par des esprits immondes, aboutissent à des scènes sanguinaires. Par contre, les paroles des justent délivrent les captifs des Ténèbres. Le contraste s'esquisse entre l'embûche, réprésentant les paroles malicieuses, et la délivrance, apportée par la bouche des pieux.

De coutume, on ne cache point la science véridique, mais on cache ce qui est honteux ou démentiel. C'est pourquoi la quatrième unité apporte un double paradoxe. D'une part, le prudent cache sa science, et, d'autre part, l'insensé proclame sa folie. L'homme prudent n'étale pas tout ce qu'il sait pour ne pas susciter la jalousie de la confrèrie et pour éviter les scandales probables. À l'inverse, l'insensé, qui manque de prévision, parle sans aucune prohibition.

De manière curieuse, ce qui se passe dans le domaines des connaissances se répète dans le domaine des sentiments et des émotions. L'homme prudent dissimule les offenses gobées, mais l'insensé maugrée et conteste aussitôt. L'un fait abstraction des émotions dévastatrices, les dépouillant de toute importance, l'autre se jette dans leur tourbillon. Le contraste s'ébauche entre deux attitudes : laisser voir et cacher.

Voilà un contraste qui s'établit entre la gloire de Dieu et la gloire des rois. À cette occasion, la conjonction "mais" manque, étant sousentendue. Dieu met sa gloire à cacher les choses. Ses plans et ses voies sont insondables pour les nations et les peuples de ce monde. Il révèle toutefois ses énigmes à ceux qui sont nés d'en Haut (voir Jean 1 :12, 13). Les révélations que les élus prêchent glorifient pleinement Dieu. Pour ce qui est des rois, ils ont la tâche de dévoiler tout ce qui se passe dans leurs royaumes, afin de pouvoir récompenser chacun selon ses œuvres. La justice qu'ils font glorifie les rois.

Plusieurs unités s'avèrent paradoxales du point de vue créationniste. L'homme, créé à l'image de Dieu, arrive à refléter l'image du diable. Les unités suivantes dépeignent des cas de déchéance outrancière, dus au péché adamique ainsi qu'aux péchés individuels.

1. "Quand tu pilerais l'insensé dans un mortier, au milieu des grains avec le pilon, /Sa folie ne se séparerait pas de lui." (27 :22)

2. "Rencontre une ourse privée de ses petits, /Plutôt qu'un insensé pendant sa folie." (17 :12)

3. "Un homme qui mérite d'être repris et qui raidit son cou, /Sera brisé subitement et sans remède." (29 :1)

4. "Un homme chargé du sang d'un autre, /Fuit jusqu'à la fosse :qu'on ne l'arrête pas." (28 :17)

Le premier proverbe présume une mesure extrême de correction, vouée à l'échec. Séparer l'insensé de sa folie est une entreprise qui dépasse les possibilités offertes par la science et l'intelligence humaines. Le cas désespéré de l'insensé est rendu par une phrase conditionnelle, introduite par l'adverbe "quand". C'est une hypothétique irréelle.

Toutefois, les insensés sont abordables dans leurs moments d'accalmie. Leur face change sous l'influence d'une poussée ravageante. Alors leur agressivité dépasse celle d'une ourse privée de ses petits. Ce conseil d'éviter l'inseñé durant sa crise puise sa force à une comparaison prise dans le mondes des fauves.

Sans exception, tous les hommes bronchent et méritent d'être repris (cf. Jacques 3 :2). Ce qui importe, c'est notre attitude à l'égard de nos fautes. Raidir le cou, c'est mépriser la réprimande et persévérer dans l'iniquité. Un tel homme a déjà signé son arrêt de mort. Il sera brisé sans appel. Deux relatives montrent la cause de l'état désespéré du pecheur impénitent.

Après le déluge, l'Éternel a fait savoir à Noé ce qui attend le meurtrier : «Sachez-le aussi, je redemanderai le sang de vos âmes, je le redemanderai à tout animal; je redemanderai l'âme de l'homme à l'homme, à l'homme qui est son frère. Si quelqu'un verse le sang de l'homme, par l'homme son sang sera versé." (Genèse 9 :5, 6). Vu par le prisme de cet avertissement, l'homicide est un feu qui consume son attiseur. La loi mosaïque exige qu' on restitue dent pour dent et œil pour œil. Le meurtrier doit payer de sa propre vie. C'est pourquoi la loi interdit qu'on console un homme de sang pendant ses pérégrinations terrestres. Mais la grâce apportée par Christ offre une chance au meurtrier. S'il se repent et se confie au sacrifice de Golgotha, il sera grâcié et aura part à l'héritage des saints (Jean 5 :24; Actes 2 :38)

Unités conçues comme des présages

Cette classe de proverbe pourrait être encadrée dans celle qui met en évidence la cause des évènements. Ce qui l'en distingue pourtant, c'est le ton prophétique qui retrace le sort des gens pris en compte. En voilà un échantillon.

1. "La crainte de l'Éternel augmente les jours, /Mais les années des méchants sont abrégées." (10 :27)

2. "L'homme de bien a pour héritiers les enfants de ses enfants, /Mais les richesses du pécheur sont réservées pour le juste." (13 :22)

3. "Avant la ruine, le cœur de l'homme s'élève, /Mais l'humiliation précède la gloire." (18 :12)

4. "La folie de l'homme pervertit sa voie, /Et c'est contre l'Éternel que son cœur s'irrite." (19 :3)

5. "Telle voie paraît droite à un homme, /Mais son issue, c'est la voie de la mort." (14 :12)

6. "Le cheval est équipé pour le jour de la bataille, /Mais la délivrance appartient à l'Éternel." (21 :31)

La première unité proclame la brièveté de la vie des méchants. Ce présage est motivé par ce qu'ils ne craignent pas l'Éternel, étant donné que la crainte de Dieu augmente les jours de la vie. Ce proverbe sème l'effroi parmi les simples qui optent pour la voie de la méchanceté. Il présente à la fois la crainte de l'Éternel comme un élixir de longue vie, enviable et recherchable par dessus tout.

La seconde unité contient deux présages, l'un concernant l'homme honnête et l'autre les richesses du pécheur. Dieu ne laisse pas sans héritiers l'homme de bien, bénissant de descendants sa maison. Cela veut dire que les droits laissent leurs biens aux leurs. Tandis que les richesses mal acquises du pécheur reviennent aux justes. Ce poverbe encourage l'honnêteté et déconcerte les fraudeurs.

La présomption entraîne toujours le débâcle, car tout présomptueux répugne à l'Éternel. On peut donc présager la ruine totale à ceux qui s'enorgueillissent de plus en plus. Par contre, les humbles trouvent grâce devant Dieu. C'est pourquoi, prophétiser la gloire pour les humbles ne comporte aucun risque d'erreur. (Jacques 4 :10)

Il arrive souvent que les gens murmurent et pestent contre Dieu, mettant sur son compte les afflictions de l'existence terrestre. Ce mécontentement à l'égard de Dieu se signale sans faute dans la vie de ceux qui se laissent aller à la dérive de la perversion et de l'impiété. Dieu les frappe en raison de leur perversion, mais ils ne veulent pas se repentir et rompre avec la perversion qui déclanche la colère divine. Au lieu de se réconcilier avec leur Créateur, ils en veulent à Dieu qui rend à chacun selon ses œuvres, et ils l'accusent de cruauté.

Tous les hommes se frayent des chemins dans le labyrinthe de ce monde. Chacun arrange sa vie selon sa propre conception sur la société humaine et sur l'individu. Tous se forment des buts qui motivent leurs existences, soutenant même que leurs buts seraient les meilleurs. Le sage détrompe tous, déclarant que l'issue de toutes les voies humaines est la mort. C'est un présage qui ne nécessite point d'arguments. Alors quelle voie choisir? Celle que Dieu nous offre, une voie parlant ainsi : "Je suis le chemin, la vérité, et la vie. Nul ne vient au Père que par moi." (Jean 14 :6) Jésus a triomphé de la mort par le sang de sa croix.

Le guerrier se fie à son cheval, à ses armes et à ses camarades. Mais les objets et les êtres ne peuvent déterminer, eux seuls, le destin d'une bataille. Il y a encore un agent qu'on ne peut exclure des comptes humains. Dieu prévoit et réalise tous les événements qui s'égrènent sur la Terre, y compris les batailles. (Ésaïe 37:26) Voilà pourquoi le sage prédit la délivrance et la vie sauve à ceux qui se confient en l'Éternel.

Unités contenant des interdictions et des exhortations formelles

Naturellement, chaque proverbe contient un conseil latent, car la raison d'être des proverbes est de jalonner le chemin de la sagesse. Les conseils qui s'en dégagent, tantôt défendent d'accomplir des choses nuisibles, tantôt encouragent à faire ce qui est bien. Le chapitre final du présent ouvrage est consacré aux conseils formels.

Pour illustrer les interdictions, on a fait choix de cinq unités.

1. "Mon fils, ne méprise pas la correction de l'Éternel, /Et ne t'effraie point de ses châtiments. /Car l'Éternel châtie qu'il aime, /Comme un père l'enfant qu'il chérit." (3 :11, 12)

2. "Ne conteste pas sans motif avec quelqu'un, /Lorsqu'il ne t'a point fait de mal." (3 :30)

3. "Ne tend pas méchamment des embûches à la demeure du juste, /Et ne dévaste pas le lieu où il se repose." (24 :15)

4. "Ne te réjouis pas de la chute de ton ennemi; /Et que ton cœur ne soit pas dans l'allégresse quand il chancelle, /De peur que l'Éternel ne la voie, que cela ne lui déplaise, /Et qu'il ne détourne

de lui sa colère." (24 :17, 18)

5. "Ne dis pas :Je lui ferai comme il m'a fait, /Je rendrai à chacun selon son œuvre." (24 :29)

Ce type d'énoncé commence obligatoirement par une phrase négative, que le sage peut doubler par souci explicatif ou pour donner plus de consistance à ce qu'il défend. La défense s'appuie le plus souvent sur une argumentation.

Mépriser une chose consiste à l'estimer indigne d'attention. La correction que Dieu applique à ses enfants mérite une attention à part. Il nous faut donc méditer sur les choses fâcheuses qui nous arrivent. Elles constituent souvent des signaux d'alarme quant à notre marche avec le Seigneur. Notre Dieu et Père n'a point le dessein de nous détruire quand il nous châtie. (cf. Jérémie 30 :11) Son objectif est celui de nous éduquer. Ce n'est pas lieu de nous effrayer, mais plutôt de l'en remercier (Ephésiens 5 :20).

C' est clair comme eau de roche que l'homme asservi à l'esprit de dispute ne peut plus vivre sans contester. Cette unité vise à détourner de la voie de dispute les jeunes débutants. L' argument "il ne t'a point fait de mal" n'influence que les débutants. Ceux qui ont le cœur pétrifié ont déjà perdu l'usage de la logique.

La troisième unité laisse entrevoir une étape très évoluée des conflits interhumains. Chassant Dieu de leurs âmes et de leur entourage, les fils de la colère s'adonnent à des actions féroces. Ils guettent leurs prochains comme on guette les fauves. Ils mettent le feu sur les habitations de leurs frères en Adam. Les interdictions que le sage leur adresse suscitent la sensation de honte, ayant le don de les tempérer.

Lorsque le malheur s'abat sur leurs ennemis, les gens s'en réjouissent. C'est une réaction naturelle très répandue parmi les nations. Pousser des cris d'allégresse tandis que nos semblables pleurent à chaudes larmes est une attitudes qui déplaît à Dieu. La manifestation de la joie maligne détourne le courroux divin vers ceux qui s'en font coupables.

Payer de la même monnaie dont on a été payé paraît parfaitement moral dans les pays développés. Payer quelqu'un de retour pour ses bienfaits ne scandalise ni homme ni Dieu. Mais rendre le mal pour le mal, cela dénote une conception athée sur le monde. Dieu a fait l'homme à son image et à sa ressemblance. En vertu de la création, nos réactions envers nos semblables intéressent et atteignent le Créateur, en bien ou en mal. Dieu défend que nous nous vengions parce que la colère de l'homme n'accomplit point la justice de Dieu. Les croyants s'en remettent à la vengeance de Dieu . (cf. Romains 12 :19)

Maintenant c'est le tour des exhortations formelles.

1. "Garde ton cœur plus que toute autre chose, /Car de lui viennent les sources de la vie." (4 :23)

2. "Eloigne-toi de l'insensé: /Ce n'est pas sur ses lèvres que tu aperçois la science." (14 :7)

3. "Délivre ceux qu'on traîne à la mort, /Ceux qu'on va égorger, sauve-les!" (24 :11)

4. "Ôte de l'argent les scories, /Et il en sortira un vase pour le fondeur. /Ôte le méchant de devant le roi, /Et son trône s'affermira par la justice." (25 :4, 5)

Ce type de proverbes se caractérise par une phrase impérative renfermant un conseil, suivie, d'habitude, d'une motivation.

Le cœur, centre de l'affectivité mais aussi siège de l'esprit, réclame des soins privilégiés. Le sage nous enjoint de garder nos cœurs purs des souillures de ce monde, car cela est agréable devant notre Père (cf. Jacques 1 :27). Le raisonnement que du cœur viennent les sources de la vie touche à l'esprit qui y réside et non seulement à la fonction de pompe que le cœur remplit. Celui qui garde son cœur des émotions négatives et des passions séculières maintient son esprit en bonne santé et en communion avec Dieu.

Un jeune disciple de la sagesse doit fuir les mauvaises compagnies qui corrompent les bonnes mœurs. L'ordre de fuir l'insensé, figurant dans le second proverbe, s'inscrit dans cette ligne. Par malheur, les jeunes gens de nos jours ne s'éloignent guère des moqueurs et des stupides, étant attirés par leurs extravagances.

On peut bien supposer que la troisième unité fasse allusion à des captifs de guerre. Il se peut aussi que ce verset aie en vue les esclaves des Ténèbres. Quoi qu'il en soit, le sage fait appel à notre miséricorde, sollicitant une intervention ferme et efficace. Un croyant ne peut regarder impassible comment les démons maltraitent et oppressent les fils de l'homme. Jésus le Seigneur est venu pour proclamer aux captifs la délivrance et pour renvoyer libres les opprimés (Luc 4 :18). Conduisons donc ces captifs et ces opprimés au Seigneur Jésus!

Ôter les scories de l'argent et ôter le méchant du corps législatif sont choses pareilles. Et l'argent et le parlement recouvre son utilité. Dans ce proverbe, on retrouve deux fois le verbe "ôter" à l'impératif. Mais les phrase où il figure ont valeur conditionnelle. Un royaume s'affermit à la condition que le roi éloigne de sa cour les gens sans scrupules. Pour sa cour, ce sera une purification semblable à celle que connaît l'argent passé par le four.

Conclusions sur la puissance persuasive et le structure formelle des Proverbes

Les sept classes de proverbes qu'on vient d'étaler n'ont seulement le but d'ouvrir l'intelligence du public. Elles agissent à la fois sur les émotions et contraignent à prendre de nouvelles décisions sous l'effet des dangers menaçants. Les images surgissant des proverbes ouvrent les yeux des simples, font trembler les égarés, consolent et encouragent ceux qui sont engagés dans la voie de la droiture.

Les unités fondées sur des équivalences ont comme noyau un énoncé du type "x est y" où "x" est le sujet et "y" l'attribut de la phrase. Assez souvent le sujet est déterminé d'une relative. Cette structure sert à identifier les choses sur base de ressemblance. Témoignant d'un esprit d'observation très fin, les équivalences sont susceptibles de bouleverser qui que soit. Le mari versé dans l'adultère reste ahuri à l'idée que la bouche d'une fornicatrice soit un précipice où tombent les impénitents.

Issus d'attitudes spécifiques, les traits caractéristiques sont suivis toujours de leurs conséquences. Le syntagme "celui qui" introduit une attitude de groupe moral ou bien un état d'âme d'où découle une conséquence ou une appréciation. Celui qui creuse une fosse y tombe. Celui qui pense à faire du mal est un homme plein de malice. Ces unités apprennent au public à bien calculer les conséquences de leurs gestes.

La description de certains types humains se réalise toujours à l'aide des traits et des attitudes caractéristiques. L'homme prudent se cache à l'approche du péril, le sage est lent à la colère, l'insensé dédaigne l'intelligence, ce qui l'empêche de recevoir l'instruction.

Les unités qui se concentrent autour des causes d'états et d'événements rendent plutôt les aspects négatifs de la vie. Au niveau intraphrastique, la cause s'exprime, tantôt par des locutions prépositives : "faute de", "en raison de", tantôt à l'aide de la voix passive ou à l'aide des verbes factitifs et transformatifs. Au niveau interphrastique, le sage recourt aux locutions conjonctives "parce que" et "puisque", le dernier étant plus d'une fois sousentendue. L'instrument grammatical le plus souvent employé, c'est l'adverbe temporel à nuance causale. Dans l'énoncé "Quand vient l'orgueil, vient aussi l'ignominie.", la succession d'événements découvre une cause. C'est l'orgueil qui attire l'ignominie. La mise en évidence des causes d'événements dote d'une bouée de sauvetage ceux qui se noient dans les gouffres amères.

Dans les unités centrées sur les conditions conduisant à des finalités désirables, la condition s'exprime, soit par une relative, soit par une phrase contenant un prédicat nominal, soit par un syntagme factitif, soit par une infinitivale introduite par la préposition "pour". Par exemple, dans l'énoncé "Celui qui fréquente les sages devient sage.", fréquenter les sages est une condition, dont le remplissement assure l'accès à la sagesse. Par conséquent, cette classe de proverbes est destinée à éclairer le bon chemin. Concernant le moyen efficace que le sage recommande à ceux qui tendent à la perfection, on retient l'unité suivante : "Par la bonté et la fidélité on expie l'iniquité, et par la crainte de l'Éternel on se détourne du mal". La mise en application de cet enseignement atteste notre foi. Mais, il ne faut pas oublier que l'expiation parfaite qui lave les péchés de ceux qui s'y fient est l'œuvre de l'Agneau céleste.

Certes, tous les proverbes s'adressent aussi bien à la raison qu'à la sensibilité. En vertu des comparaisons explicites, les unités qui pèsent la valeur et le non-valeur se distinguent par leur puissance persuasive. Par exemple, le plaisanteur malicieux paraît dans la posture d'un furieux qui lance autour de lui des flammes et des flèches. Quel désolation pour un plaisantin de se voir atteint de démence ! En tant que structure, la modale est introduite par l'adverbe "comme", et la régente par le corrélatif "ainsi".

Les oppositions qui s'entassent dans l'esprit du sage épiant le monde invitent le lecteur à opter pour certaines attitudes et valeurs morales. Les deux aspects opposants sont séparés par la conjonction "mais", la plus utilisée de toutes. Mis en balance, le bien et le mal paraissent lourds de conséquences et à la portée du lecteur. Une jeune épouse, par exemple, peut choisir la voie de la vertu ou bien celle de l'adultère. Dans le premier cas, elle deviendra une couronne d'or pour la tête de son mari, dans le second cas, elle assumera le rôle d'une carie des os.

Le sage décèle plus d'une fois des contrastes étranges comme celui qui s'ébauche entre la gloire de Dieu et la gloire des rois. Paradoxalement, les grandes mesures restent inefficaces à séparer l'insensé de sa folie. Le sage se rend compte à regret des limites de l'existence humaine. Les unités aux contrastes et aux paradoxes fourmillent de synonymes et d'antonymes, rendant le jeu de la lumière et de l'ombre.

Les présages motivés se basent sur la connaissance de l'Éternel et sur ses réactions aux agissements et aux actes humains. L'Éternel ne laisse point sans héritiers le juste, mais il retranche la descendance des riches pervertis ou bien il souffle tous leurs biens, déshéritant ainsi leurs enfants.

Il est digne d'être retenue l'interdiction qui défend qu'on se réjouisse de la chute de son ennemi. Même au milieu des adversités quotidiennes, il est inconcevable qu'on n'éprouve aucune empathie pour les humains asservis à la haine. Quant aux exhortations, il se distingue celle qui insiste sur la pureté du cœur. On doit garder pures ses pensées, ses paroles et ses actions de tout ce qui paraît perverti et souillé des Ténèbres.

En revenant sur la structure des proverbes, on remarque son équilibre à peu près parfait. Une unité renferme, en règle générale, deux, quatre, ou six phrases, le "massal" classique agréant la symétrie formelle. L'échafaudage du proverbe typique comprend deux parties séparées par la conjonction "mais" ou "et". Il y en a des cas où la conjonction se sousentend. La second partie du "massal" contraste de règle avec la première.

Ce qui constitue un trait à part du style des proverbes, c'est la reformulation explicative. La première impression du chercheur est d'avoir à faire à deux énoncés jumeaux, dans le cadre de la même unité. Les deux parties de l'unité semblent dire la même chose. A titre illustratif, on reproduit une unité représentative en ce sens.

"Celui qui reprend le moqueur s'attire le dédain, /Et celui qui corrige le méchant reçoit un outrage." (9 :7)

Les deux parties du proverbe abordent le même sujet, l'une étayant l'autre. Leur thème regarde l'activité éducative du sage. La première partie affirme que le sage qui réprimande s'expose au dédain du moqueur. La seonde partie dit que le sage qui corrige le méchant reçoit comme salaire un outrage. Les deux parties disent la même chose au sujet du sage reprimandeur. Cepedant la seconde partie éclaire les termes de la première partie. Mises ensemble, les deux parties de cette unité font connaître les suivants. 1. Celui qui reprend le moqueur le fait dans l'intention de le corriger, lui faisant du bien. 2. Le moqueur et le méchant ne font qu'un. 3. Le moqueur rend le mal pour le bien.

Concernant le lexique, les proverbes se caractérisent par l'emploi à profusion des paires synonymiques et antonymiques, ce qui contribue à la réalisation de contrastes. Les émotions suscitées par le jeu de lumières et d'ombres vont de pair avec les raisonnements censés ouvrir les yeux spirituels des captifs de l'égarement. Tout cet arsenal produit sur l'auditoire l'effet d'une réprimande complexe. Bien sûr, à côté de la réprimande, les proverbes apportent des consolations et des encouragements.

Finalement, les proverbes doivent leur puissance persuasive à l'emploi du nom de l'Éternel et aux assertions qui font connaître le Tout-Puissant comme un Dieu justicier et miséricordieux à la fois, veillant sur tout ce qui se passe sur la Terre. Dieu veille aussi sur sa Parole pour l'exécuter (cf. Jérémie 1 :11, 12).

Ludus, Roumanie, le 9 janvier 2005   Charles   Székely

Bibliographie sélective

1. La Sainte Bible, traduction Louis Second, Trinitarian Bible Society, London, 1988

2. Rossier, Henri, Études sur les proverbes, Bibles et Traités Chrétiens, Vevey, Suisse, 1977

3. Leibi Roger, Prohin Joël, Livre des Proverbes, in Sondez les Écritures, vol. 5, Bibles et Publications Chrétiennes, Valence, 1995

4. Czanik Péter, A Példabeszédek konyvének magyarazata, in A Szentiras magyarázata, a Reformatus Zsinati Iroda Salytoosztálya, Budapest, 1972

5. Dr. Rosta Ferenc, Bevezetés a Példabeszédek könyvéhez, in Bilia, Szent István Társulat, Budapest, 1979

www.ingramcontent.com/pod-product-compliance
Lightning Source LLC
Chambersburg PA
CBHW021812220426
43662CB00006B/286